智读汇

连接更多书与书，书与人，人与人。

—事业合伙人落地系统之—
股权合伙人

金博 罗周敏 著

中华工商联合出版社

图书在版编目（CIP）数据

股权合伙人 / 金博，罗周敏著 . —北京：中华工商联合出版社，2022.4
ISBN 978-7-5158-3359-0

Ⅰ. ①股… Ⅱ. ①金… ②罗… Ⅲ. ①合伙企业—企业管理–股权管理–研究 Ⅳ. ①F276.2

中国版本图书馆CIP数据核字（2022）第044866号

股权合伙人

作　　者：	金　博　罗周敏
出品人：	李　梁
责任编辑：	吴建新　关山美
装帧设计：	王桂花
责任审读：	付德华
责任印制：	迈致红
出版发行：	中华工商联合出版社有限责任公司
印　　刷：	北京毅峰迅捷印刷有限公司
版　　次：	2022年5月第1版
印　　次：	2022年5月第1次印刷
开　　本：	880mm×1230mm　1/32
字　　数：	195千字
印　　张：	9.25
书　　号：	ISBN 978-7-5158-3359-0
定　　价：	78.00元

服务热线：010-58301130-0（前台）
销售热线：010-58301132（发行部）
　　　　　010-58302977（网络部）
　　　　　010-58302837（馆配部）
　　　　　010-58302813（团购部）
地址邮编：北京市西城区西环广场A座
　　　　　19-20层，100044
http：//www.chgslcbs.cn
投稿热线：010-58302907（总编室）
投稿邮箱：1621239583@qq.com

工商联版图书
版权所有　侵权必究

凡本社图书出现印装质量问题，请与印务部联系。
联系电话：010-58302915

自　序

在我的上一本书《绩效合伙人》中，我主要分享了我们在绩效管理落地领域的实操经验和成果。和一咨询将绩效管理分为目标、措施、评估、激励、兑现和持续六大版块，并形成非常完备的落地实操系统工具。在多年的培训咨询工作中，通过不断的实操验证和修正之后，我们认为这套系统对民营企业来说是最快速有效且最容易持续落地的一套绩效管理系统。多年来，我和我们的团队将这套系统带给了数万家企业，无数企业因此获益，它们的绩效获得了20%～200%的增长。

民营企业家是这个时代的弄潮儿，他们在创业的道路上披荆斩棘，在夹缝中求生存，为这个时代贡献着自己的力量，却又常常感到疲惫无力。环境变化太快、生存越来越艰难、管理上先天不足……这些问题都严重制约着民营企业的发展，因此，他们非常需要专业的帮助。我很荣幸能够帮助众多企业解决绩效方面的难题，我和我的团队以此为荣。多年来，在繁忙的工作之余，我也时刻不忘给自己充电，和这些民营企业家们一起进步。

我从事管理咨询已有15年的时间，在学习研究和实操的过

股权合伙人
Equity partner

程中,我和这些民营企业家们一样感受到了时代的巨变,作为一名专业的企业咨询人士,我的感觉比大多数人更加敏锐。早在10年前,我就已经感受到了合伙人制度的威力,特别是小米的迅速崛起,更是在中国企业管理界刮起一股旋风。这个2010年才组建的公司,仅仅用了一年多的时间,就成为科技圈新秀,业绩呈现爆炸式的增长。人们发现,这家企业的崛起,除了强大的团队、国内顶尖的研发实力、高超的营销手段等因素外,还有一个很重要的原因就是它的合伙人制度。

小米创始人雷军先生曾多次公开谈到小米的合伙人制度。几乎与此同时我也开始系统地研究合伙人制度,并且越来越感受到了合伙人制度的魅力。在后来的理论研究和实操过程中,我开始将实战经验和工具引入到传统的绩效管理中,逐渐形成了属于自己的一套独特的绩效管理系统——绩效合伙人制度。这套制度在企业内部实操落地的过程中,获得了一致的好评,众多企业的绩效均得到了不同程度的增长。在《绩效合伙人》一书中,我对这套系统已有十分详尽的论述,既有"心法"的理论又有"刀法"的工具。对于民营企业来说,绩效管理依然是最有效的管理手段之一,因为绩效就是利润,就是成果,没有绩效等于一切无效。对绩效合伙人这一领域感兴趣的朋友,可以阅读我的上一本书。

在撰写《绩效合伙人》一书时,我曾经提出了一个观点:雇佣制终将过去,合伙制是未来的必然方向!这是历史发展的必然趋势,是人性的释放,也是企业和员工的双赢。现在,越来越多的企业选择合伙制也在不断印证我的观点。不是我们选择了合伙

自序

人制度，是时代选择了合伙人制度。

近几年，随着股权激励的大热，在持续的绩效咨询辅导实践和自我学习成长研究的过程中，越来越多的企业向我们咨询股权方面的相关问题，我们也曾帮助数家企业解决了内部团队股权激励、外部资本及上市的相关咨询课题，在这个过程中，我们积累了大量的股权落地的实操经验。同时，我也看到，越来越多的民营企业迈出了股权合伙的步子，并取得了不菲的成果，例如永辉、西贝，还包括一些资深企业，比如格力等。在研究和咨询的过程中，我也感受到了股权的魅力，同时我也欣喜地看到，越来越多的民营企业摆脱了以往那种"小富即安、小成即安"的观念，这也是时代发展对中小企业的要求。原来是不进则退，现在是不进则亡。不前进，就后退；不发展，就倒闭；不快速发展，也同样会面临极大挑战。

股权合伙人让人性得到了更大限度的释放，赋予企业空前的团队活力，造就了一大批成功的企业，既有像阿里、小米这样的千亿级别巨头，也涌现了一大批独角兽企业或独具竞争力的公司。并且我们在统计中发现，这些独角兽企业几乎无一例外全部都选择了股权合伙人制度。如西贝餐饮这种既有零售行业的背景，又积极推动股权合伙的传统企业，它的异军突起已经成为股权合伙人制度日渐繁荣的一个缩影。这些典型的案例，不断印证着股权合伙人制度的威力。

当然，落地股权合伙人制度也有需要注意的一系列问题，如果说没有绩效落地的股权是脱缰野马的话，那么没有股权激发后

股权合伙人
Equity partner

续更强动力的绩效,就像射出去的利箭也很快就会落地。所以,在绩效合伙人系统全面落地的基础上落地股权合伙人系统的企业就像老虎长出了翅膀,飞出去的力量让人无法阻挡。在本书中我们将呈现更多的"刀法"工具,通过简单、有效、系统的工具最大化地帮助大家理解和运用股权合伙人制度,更多实战咨询辅导案例同样能够让大家更贴近工作实际,产生更多共鸣。

唯有学习,方能生生不息!庆幸与您一起在成长精进的路上相遇,感谢大家在众多的经营管理类书籍中选择《股权合伙人》一书,感谢众多企业在无数的管理咨询公司中选择和一咨询。我的人生格言是"少说多做,创造成果",衷心希望借用和一咨询团队的力量帮助越来越多的企业解决绩效、股权方面的一系列问题,不断助力企业实现利润持续增长,共建事业合伙人制度。

金博

目录 | CONTENTS

1 第一章 势不可挡的股权合伙人

合伙人未来大势所趋，势不可挡 / 2

大部分中小民营企业股权合伙的八大痛点 / 8

合伙企业的赛道选择与成功范式 / 27

2 第二章 股权合伙人之"四五六落地系统"

什么是"四五六落地系统" / 45

股权合伙的四大布局 / 48

股权合伙的五大原则 / 82

股权合伙的六大保障 / 131

股权合伙人
Equity partner

3 第三章
"撸起袖子一起干"：寻找事业合伙人

项目制合伙人 / 176
店铺合伙人 / 181
经销商合伙人 / 188
加盟商合伙人 / 194
微商合伙人 / 199
裂变式合伙人 / 205
联盟制合伙人 / 211
基金合伙人 / 220
事务所合伙人 / 224
资本合伙人 / 230

4 第四章
股权合伙人以事业为本

唯有事业能永恒，唯有合伙能战胜一切 / 239
破茧成蝶——A能源集团股份公司合伙人模式探析 / 246
以人为本，合作共赢——B公司合伙人模式浅析 / 253
事业合伙人宣言 / 261

附录

股权合伙人激励模板 / 263
股权合伙人相关实用法律法规 / 271

Chapter 1
第一章

势不可挡的股权合伙人

股权合伙人
Equity partner

合伙人未来大势所趋，势不可挡

在《绩效合伙人》一书中，曾提到一个概念：这是一个合伙的时代！

当前发展较好的企业，如小米、阿里、腾讯、华为等，都在不同程度上采取了合伙人制度，合伙人制度正逐渐走上历史舞台。为什么合伙人制度会迅速成为一种主流趋势？原因就在于它可以更大程度地释放人性，建立企业和员工之间的共赢关系，激励员工创造更高的绩效。

合伙人制度的核心是留住人才。古往今来，无论改朝换代打江山，还是艰苦创业迈向事业巅峰，其成功背后的逻辑，一定是得人才者得天下！今天是一个"人才打劫"的时代，尤其进入到知识经济时代，企业的利润逐渐不再依赖机器、资本等传统生产资料，而是更多地依赖人才。因此，能否赢得人心，是企业在新时代背景下的制胜关键。合伙人制度通过重构企业和员工之间的雇佣关系，将员工的得失与企业的成败捆绑在一起，真正实现了企业"上下同心"，充分释放人性的价值。

在《绩效合伙人》一书中，主要讲述了如何"帮助企业赚到

第一章
势不可挡的股权合伙人

钱",让亏损的企业实现盈利,让赚钱的企业更加赚钱。但如果想让企业从"赚钱"变为"更赚钱",就需要想办法让企业"更值钱"。在《股权合伙人》中,我们将努力帮助企业家们学会如何"正确、科学地建立股权合伙人制度,早日由赚钱的公司成长为值钱的公司"。

如果说绩效合伙人制度是实现"8+8"的增长,那么股权合伙人则可以实现"8×8"的飞跃(如图1-1所示)。

绩效激励 ▶ 股权激励

8+8 赚钱　　8×8 值钱

图1-1　"8×8"飞跃

在后疫情时代及资本寒冬下,企业普遍面临较大的租金、工资、税费等综合成本压力,裁员压力比较大,尤其是民营企业和外资企业,压力普遍较大,再加上原材料价格普遍上涨,面临库存不足和难以寻找替代供应商的企业比例也显著上升。另外,目前很多企业已嵌入全球化的生产链,境外疫情迟迟不见好转,国内疫情多点散发,后疫情常态化时代,这部分企业的经营也受到全球供应链的影响……尽管外部环境恶劣,但是这对于有心实施股权

合伙人制度的企业来说,却是一个不可多得的好时机。原因有三:

1.降低人力资源成本。在面临全员降薪甚至部分裁员的情况下,企业必须想方设法留住核心人才,尤其是对于人力资本依赖度较高的企业,核心人才是疫情结束后企业复苏的保证。授予核心人才股权,一方面可以用股权的黏性避免人才流失;另一方面也相当于用另一种方式弥补了核心人才因降薪而带来的经济利益损失。

2.适当缓解公司现金流压力。实施股权激励大多数应该让员工出资购买,被激励对象交付股权激励的对价款,在一定程度上可以缓解企业经营压力。

3.寻找对公司既忠诚又有能力的员工。实施股权激励措施时,确定激励对象是比较困难的一个环节。企业打算用股权挽留的人才,不仅要在专业上存在不可替代性,还要考虑其是否认可企业的文化和价值观,是否愿意与企业共同成长,是否能够在未来持续为企业做出贡献,同时满足以上条件的人才才是最佳的激励对象。在国家积极推动产业升级,企业发展充满了不确定性的背景下,愿意参与股权合伙与公司共患难的员工,是值得企业珍惜和挽留的人才。

据统计,2020年A股有440家上市公司共计公告448个股权激励计划,较2019年增长32.94%,其中首期公告数量为240个,较2019年增长34.83%;多期公告数量为208个,较2019年增加30.82%(如图1-2所示)。

第一章
势不可挡的股权合伙人

图1-2　2006-2020年A股上市公司股权激励公告数量统计图

探索股权合伙人制度的民营企业如此之多，究其原因，一是大家都发现了合伙人制度的优越性；二是实施合伙人制度的企业提供了成功的范本。

例如阿里前台童文红获得事业成功的故事，虽然距离阿里巴巴2014年挂牌上市已经过去数年，但是仍被众人津津乐道。阿里最初的一批合伙人，几乎全部因为缔造了一家成功的公司——阿里巴巴，进而使自己的身价也随之水涨船高，实现了事业成功。这个故事告诉我们：平台需要人才，人才也需要平台。人才都希望可以与平台共同成长，并分享发展的成果。尤其是在企业初创期，股权合伙人制度对企业吸引和留住核心人才、减少短期成本支出、促进长期发展具有重要意义。

从绩效激励升级到股权合伙有六大好处（如图1-3所示）。

股权合伙人
Equity partner

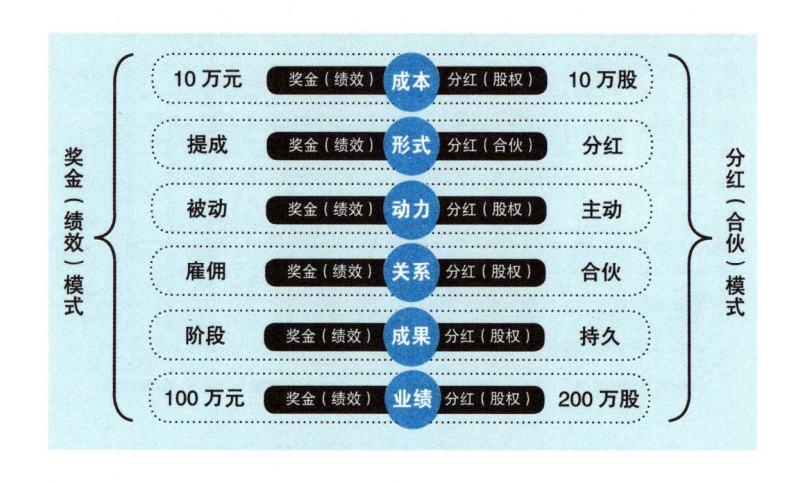

奖金（绩效）模式				分红（合伙）模式
10万元	奖金（绩效） 成本 分红（股权）	10万股
提成	奖金（绩效） 形式 分红（合伙）	分红
被动	奖金（绩效） 动力 分红（股权）	主动
雇佣	奖金（绩效） 关系 分红（股权）	合伙
阶段	奖金（绩效） 成果 分红（股权）	持久
100万元	奖金（绩效） 业绩 分红（股权）	200万股

图1-3 绩效激励与股权合伙对比示意图

1.降低薪酬成本支出，提高企业利润。员工的收入大部分来源于税后利润分红，在确保员工收益的同时，也提高了企业盈利表现，提升了企业估值。人才不再囿于绩效奖金，而是以企业分红为主，有效降低了企业经营成本。

2.引导核心骨干坚持长期主义，关注企业持续发展。有很多老板最担心的就是员工成为股东之后选择安于现状，不再努力奋斗了。绩效提成是一时的收入，股权分红却是长期的，只要员工持有股份，在企业股权分红的时候就能获得收益。

3.变被动工作为主动工作，为人才注入工作动力。在绩效激励中，不管薪酬多高，员工都是打工者心态；实施股权激励之后，员工自己拥有的股权即便再少，也会让员工感觉到是在为自己工作。

第一章
势不可挡的股权合伙人

4.变雇佣关系为合伙关系,让人才由"打工"思维变"老板"思维。绩效激励,人才只关心自己;股权激励,人才与老板站到了统一战线上,更关注全局。

5.提高离职成本,长期捆绑人才。绩效激励让人才更多地追求短期回报,股权合伙则能够让人才更关注企业的长远发展。

6.推动团队达成目标、超越目标,不断提高企业经营效益。

如果说绩效管理的核心就是给企业装上发动机,以外力助力企业快速增长,那么股权合伙人制度激发的就是员工的内驱力,内驱力的作用远超外力,它给企业带来的活力和动力是空前的。因此我们常说,保持制度领先才是企业最大的优势。

作为企业领导人,应该将制度建设摆在企业经营管理的第一位。作为企业带头人,再忙也要停下来多思考:为什么公司的员工离职率高?为什么有的老员工离职后另起炉灶,甚至和老东家打擂台,抢市场?

马云曾经说过一句话:"员工跳槽的原因无非两种,要么钱没给到位,要么是心委屈了。"单纯的高收入留不住顶级人才,因为顶级人才并不缺钱,他们更想证明自己的价值。合伙人制度为什么能留下顶级人才,因为彼此在事业上是合伙人而非简单的雇佣关系。合伙人制度驱使大家向同一个目标不断努力,即合作共赢。

然而,股权合伙人制度也是一把双刃剑:做好了,企业飞速发展,可以将竞争对手远远地抛在身后;做不好,最终把企业搞垮的也不在少数。

股权合伙人
Equity partner

大部分中小民营企业股权合伙的八大痛点

大部分中小民营企业在推动股权合伙的时候，都面临着八大痛点，分别是：股权虚热化，盲目跟风；股权变福利，员工工作积极性降低；公司实施股权合伙人制度，分了老板的钱；分股很容易，退出却很难；草率给股权，达不到目的；股权分配不公，股东离心；仓促实施股权合伙人制度，后患无穷；不敢实施股权合伙人制度，错失良机。下面，我们详细讲述这八大痛点。

痛点一：股权虚热化，盲目跟风

近几年，"股权"两个字不仅是投资圈在传，企业圈也在传，"人无股权不富"甚至成了企业家及高端人才时常挂在嘴边的一句话。

跟风实施股权激励、以股权分配为荣的"股权热"现象，其实很大程度上是受中国老板尤其是中小企业老板的影响。在互联网时代，企业优胜劣汰的速度不断加快，众多老板们唯恐自己跟不上形势的变化，纷纷投身股权改革的大潮之中。

企业老板都不缺乏上进心，因为他们生活在竞争相当残酷的

第一章
势不可挡的股权合伙人

当下，非常理解"逆水行舟，不进则退"的道理。但是，现实却是大多数的企业老板被碎片化信息包围，听到、看到、学到的都是"人云亦云"的东西。以股权为例，老板可能在任何平台、任何渠道接触到"股权"这个词，并对它产生极大的兴趣，但是这些信息都是以碎片化的形式被老板所吸收的。这些信息一方面拓宽了老板们的眼界，另一方面也因为这些信息缺乏系统化整合而漏洞百出。

只要是企业家，都或多或少地意识到股权的重要性。眼光长远的老板会考虑如何系统地学习吸收，把理论变成自己的知识。但是绝大多数企业家，尤其是民营企业家，只会着眼于当下股权能给自己带来的利益。他们始终沉浸在股权带来的增加融资、扩大生产的美梦中，幻想着"只要把股权做好，一切难题都能迎刃而解"。

在企业经营过程中，这些企业家会有意地向外界寻求帮助，但是他们并不能正确地认识到自己的企业当前面临的主要问题究竟是什么，只会病急乱投医，存在极大的盲目性和不确定性。

> 我在帮某企业做咨询服务的时候曾遇到一个老板，我在跟他谈企业绩效管理时，他兴趣不大，却不断地向我咨询股权的问题。
>
> 我问他推动股权合伙人制度的目的是什么，他说现在生意难做，很多连锁企业都在推行股权合伙人制度。
>
> 我在与他沟通的过程中发现，他的公司面临的最

大问题在于内部管理出现了问题,因此我企图说服他,先理清公司的绩效管理落地问题,抓好内部管理,再谈股权的问题。但是对方一口否决,表示一定要实施股权合伙人制度,而且要立即实施。

提起原因,他说他的几个骨干员工已经被竞争对手用股权给挖走了,他现在迫切希望通过实施股权合伙人制度把企业做好,随后他还反问我:"眼下这个局面,我不做能行吗?人家都在做,我再不做,我的人就都跑光了!"

类似的情况,绝不少见,我们在咨询过程中就遇到了很多,概括成一句话就是"跟风实施股权合伙人制度"——因为很多人都在实施股权合伙人制度,所以我要做!尤其是对股权一窍不通的老板,在他们眼里,股权就是灵丹妙药,只要企业落地了股权合伙人制度,企业经营就一定会好起来。

但当老板们跟风实施了股权激励措施之后,却发现效果不尽人意。为什么呢?

股权激励并非适用于所有企业

1.管理不规范、规章制度不健全、财务核算不清晰的企业,无法实施股权激励。

2.盈利能力低,甚至处于亏损状态的企业,股权激励对于员工来说,吸引力不大。

第一章
势不可挡的股权合伙人

3. 没有绩效体系的保障，股权也无法落地，股权激励措施落地过程中的关键环节，如认购、转股、退出等，都必须与绩效挂钩。

股权激励会带来分权的问题

有些老板权力意识很强，他们不愿意将股份转让给员工，或者即使实施股权激励，也在进行决策时独断专行，员工并不能享受到股权带给他们的收益，这就会导致实施股权激励的效果并不明显。

企业文化不好

股权激励需要员工对企业有归属感，这就需要企业具备良好的企业文化。如果团队成员对老板缺乏信任，那么实施股权激励等于白费力气。

管理团队不成熟

如果团队里都是新员工，工作年限在两年之内，那么在这种情况下进行股权激励也是很难达到预期效果的。

股权激励不是跟风就能做好的，如何利用股权，是一件需要深思熟虑的事情。股权合伙既有可能实现"激励员工，创造高绩效"的积极效果，也有可能产生"权力分散，企业倒闭"的负面影响。

企业决策者在决定实施股权合伙人制度前，必须提前对股权有所了解，对实施股权激励的细则、预期效果、可能面临的问题、如何做好风控等各方面问题进行深入思考。否则，股权合伙就很可能成为企业自掘坟墓的起点。

痛点二：股权变福利，员工工作积极性降低

很多企业效仿别人实施股权激励，往往都是按照工龄、现任职务等标准进行等级划分，结果股份分下去后，不仅没有起到激励的效果，反而激化了企业内部的矛盾。

我有一个客户，他是经营连锁店的，上一年店里生意好，公司大赚了一笔。因此到第二年，老板迅速扩大公司规模，连续开了几家新店。但是公司的人才供应跟不上新店扩张的速度，所以公司招聘了不少新员工。

考虑到新员工的不稳定性，以及公司处于高速发展的时期，企业非常需要老员工积极帮助新员工尽快成长起来。基于这种情况，老板决定向大部分员工赠予股权，不用员工出资。他原本以为，采取这种激励方式，老员工会对他感恩戴德，加倍努力，帮忙提携新员工，从而为新员工树立良好的榜样。结果他在一次巡店时，却发现事与愿违。老员工不仅工作积极性没有得到提升，反而都认为自己有功于公司，那些股份都是他们应得的；而新员工也认为，反正老员工们都有奖励，那他们到年底也自然会有的。

第一章
势不可挡的股权合伙人

基于过去的贡献进行股权分配，把股权变成"论功行赏"的奖励，结果就是每个人都会觉得自己的功劳最大，贡献最多。老员工认为，这些股份本来就是自己应该得到的，你之前没给我，是你亏欠我的，现在还给我，是理所当然的。而新员工则认为，等我在公司待的时间足够久了，股份自然也就到手了。最终，老板的权力下放了，股权分配了，利益也共享了，但股权激励计划却彻底失败了。

之所以出现这样的情况，是因为企业把股权激励变成员工福利。股权激励重在"激励"两个字，它的主要评判标准是基于对未来的创造，而不是基于对过去的贡献。当一个企业老板抱着奖励的心思来实施股权激励时，结果往往适得其反。

那么，应该怎样避免股权激励变成员工福利呢？我们认为应该从以下四个方面入手。

明确股权激励的主要目的

不同的激励目的需要对应不同的绩效考核评价体系。举例来说，如果是基于对老员工以往贡献的认可，那么就需要对持股员工以往所做出的贡献进行系统的考核与评价；如果是对员工岗位价值的认定，那么就需要对岗位的价值进行考核与评价。

明确股权激励的范围

股权激励的重点是激励人才，不是激励重点岗位，所以，在实施股权激励时要避免以平均心态进行股权激励。要认真分析哪些人才是企业真正需要激励的人才，激励少数核心人才，切忌广撒网，避免"吃大锅饭"的情况出现。

确定股权激励的数量

股权激励向核心人才倾斜的同时，还要注意区分每个人的持股数量。对企业有较大贡献的人才，持股数量也要相应较多，这同样是为了避免平均主义。公司首先要建立一项确定每个人持股数量的制度，严格按制度分配。除了上述指标外，公司还可将激励对象的品德、职业能力、职业水平等纳入股权激励考核范畴，以保证公司运作过程中各个环节的良性对接。

明确股权购买金额

在明确持股数量的同时，还应该明确公司每个成员股权购买的金额。对此，公司应该做出明确规定：对于公司股权应以现金形式认购。切忌将股权激励变成公司的福利。不应让员工形成这样一种心理：自己手中分到的股权是老板送给员工的一项福利。长此以往，员工难免恃宠而骄，必将对公司的长远发展造成负面影响。

痛点三：公司实施股权激励，分了老板的钱

分了老板的钱有两种情况：一是老板担心实施股权激励后，自己的收入会相应减少；二是以公司的自有资金、利润或者老板

第一章
势不可挡的股权合伙人

的"私房钱"实施股权激励。

我的一个客户是做外贸生意的,从业多年,积累了丰富的经验。近几年外贸行业日益艰难,为了提升业绩,这位老板对业务进行了大量的整顿和调整,同时狠抓管理。尽管整个行业的大环境不佳,但他的企业由于绩效管理落地颇有成效,公司的业绩近几年仍有很大的起色。他从绩效激励中尝到甜头后,希望再接再厉,更进一步,实行股权激励,争取让公司的业务再上一个台阶。但是真到了准备实施的时候,他又有些犹豫了。他最大的担忧就是:实施了股权激励后,自己会不会赚得少了?

有这种担忧的老板不在少数,毕竟中国实行市场经济的时间还不长,大多数民营企业老板都没有股权的概念。在美国硅谷,即使是很小的企业,都是实行合伙人制度或者股份制的。但是在国内,大多数企业都是独资的家族式企业。老板们习惯百分百控股,掌握百分百的决策权,盈亏都是自己一个人来承担,他们在心理上很难接受把股份分一部分出去给别人。大多数老板觉得,"给员工分了股份,自己的份额不就变少了,员工不就是分了我的钱"。

其实,很多老板没有搞清楚一个基本概念:股权激励分的不是现在的钱,也不是过去的钱,更不是老板口袋里的钱,而是未来的钱。

股权激励并不是奖励或者福利，而是用一个设定好的目标来激励员工，促使他们以一种积极的心态投入到工作中去，从而创造出更多的价值，然后用额外创造的价值再分配给员工。

例如：

一家企业原来每年盈利100万元，老板掌握100%控股权，每年收入100万元。现在实施了股权激励措施，规定当年的盈利目标是120万元，一旦达到这个目标，就将超出部分的60%拿出来奖励给员工。员工们为了增加收益，就会拼命工作。到了年底，公司赚了150万元，减去用来实施股权激励的18万元，老板赚了132万元，比实施股权激励前多赚32万元。

因此，设定正确的股权激励制度，并不会分走了老板的钱。因为股权激励实际上是用未来的收益作为股权分配的资金来源，对老板和员工来说是双赢。

痛点四：分股很容易，退出却很难

我的一个客户A，他和B、C、D三人合伙创业。创业进行到一年半时，合伙人B提出离职。但是，因为事先没有约定该如何处理合伙人B持有的公司20%

第一章
势不可挡的股权合伙人

的股权。对此，合伙人B与其他合伙人产生了极大的分歧。

合伙人B认为，自己在公司建立伊始就参与创业，对公司有很大贡献，而且也没有任何法律规定股东离职必须退股。再者，在公司成立时，公司章程中也没有这样的规定，合伙人之间也没有签署过相关协议，因此他不同意退股。

对此，我的客户A和其他合伙人自然不能接受。他们投入全部精力经营公司，对方却半途而废且拒不交出股份。将来如果公司不断发展壮大，B还能不劳而获。况且他这一走，已经跟公司没有什么感情了，现在公司规模尚小他就抛弃大家远走高飞，以后公司规模壮大了，他极有可能成为一个X因素，这对公司未来的发展也许是个"定时炸弹"。

基于这样的疑虑，四个合伙人互相争斗，摩擦不断。当其他合伙人想尽一切办法都无法收回股份时，甚至考虑过要解散公司，重新开始。但是如此一来，公司同样会面临巨大的麻烦和损失。

作为永辉超市的联合创始人，从进入啤酒代理行业到2001年创立永辉超市，直至2010年永辉超市正式上市，张轩松和张轩宁兄弟两人始终是这家公司真正的掌舵者。但2018年12月13日永辉超市公告称，张轩松和张轩宁在公司发展方向、发展战略、组织架构、治理机制等方面存在较大分歧，为避免分歧进一步加剧，影响上市公司及全体股东利益，兄弟两人签署《关于解除一致行动的协议》，正式分道扬镳。

正所谓"请神容易送神难"，合伙的时候，热热闹闹；散场的时候，吵吵闹闹。有人说，合伙做生意就像谈恋爱，开始时很美丽，结束时很"狗血"。

这个比喻还真有些道理，所以我们至少需要知道：寻找合伙人，就跟寻找恋爱对象一样，是一件很严肃的事情。你不仅要思考如何开始，还要考虑怎样结束，不能一味空想美好的未来，也要考虑一些不测情况的发生，并做好预案，比如：

1. 如果合伙人之间不合，有人想主动退出应该怎么办？

2. 合伙人的能力和意愿与企业的发展不符，想让对方退出应该怎么办？

3. 合伙人业绩不佳，无法实现最初的承诺，应该怎么办？

4. 合伙人理念发生变化，彼此离心离德，无法达成一致，应该怎么办？

5. 公司经营不善，合伙人想退出应该怎么办？

经营企业是极为复杂的，各种情况都有可能发生。而合伙人之间齐心协力十分重要，当无法做到这一点时，很可能会对企业产生负面的影响，这个时候很可能就会涉及"退出"的问题。但是如果没有事先设置好退出机制，那么处理起来必定会伤筋动骨。

第一章
势不可挡的股权合伙人

痛点五：草率给股权，达不到目的

  我的一个客户曾跟我分享过他的经历：有一个朋友提出，可以为他对接上下游的资源，帮助他把市场做大。这个朋友提出不要工资，但要求给予部分股权。因为企业在经营上遇到了瓶颈，迫切需要引进外部资源改善企业现状，因此，他毫不犹豫地答应了。

  但是最后，朋友带来的资源远不及他承诺得那么丰富，前景也远不像他所描述得那么美好。这一点点资源，一个普通的中层管理人员也能够轻松获得的。而为此付出那么多的股权，真是完全不值。

  还有一个客户，总是想增强企业在研发方面的实力。通过朋友介绍，在一家大公司找到一个技术"大牛"，但是对方不愿辞职。几经周折，对方提出了一个折中方案：他兼职以技术入股成为公司合伙人，但是老板需要给予他10%的股份。因为公司研发任务十分紧急，迫切需要人才，无奈之下，老板只得同意。但是后来却发现，这位技术合伙人拿到股权后，对工作并不热心，投入的时间和精力都很有限，导致产品研发进度缓慢。但此时股权给予协定已经签署，难以收回，老板追悔莫及。

  以上草率给予股权的情况，在民营企业实施股权合伙人制度

股权合伙人
Equity partner

的过程中还是比较普遍的，特别是创业型的公司或者处于起步阶段的公司。因为公司规模小，老板认为只要能把蛋糕做大，付出一点股份完全是值得的。殊不知，这样的付出和回报根本不成正比，最终追悔莫及。

"草率给予股权"的原因有很多，譬如对人才评估不当、市场环境的变化、老板缺乏股权方面的专业知识等。要避免这种情况出现，需要老板对"如何实施股权合伙人制度"有一个正确的认识，要么自己变成专家，要么聘请专业人士来具体操作。

以下是我们对三类合伙对象的具体建议（如表1-1所示）。

表1-1 对三类股权合伙对象的具体建议

对象	建议
短期资源承诺者	不考虑通过股权进行长期深度绑定，遵循"一事一结"的原则给予项目提成，进行项目合作
兼职人员	按照公司外部顾问标准给予少量股权（股权来源于期权池）或者仅实施绩效激励
早期普通员工	前期公司按照投资人估值或公司业绩给予绩效奖励，中后期公司再实施股权激励措施

痛点六：股权分配不公，股东离心

我的一个客户李总，他的纺织品公司曾实施过多次股权激励，但是效果都不理想。第一次实施股权激励，是因为当时纺织行业竞争非常激烈，为了留住人才，李总实施了股权激励。第二次实施股权激励，是因为

第一章
势不可挡的股权合伙人

当时公司非常看好某个市场，急需资金，所以在接受外部资金入股的时候，给了非常优厚的股权。第三次实施股权激励，李总将股份分给了自己非常看好的几位创业元老。

李总在分配股权的时候，完全是按照当时的需求和贡献值进行的，同时也含有不少的感情成分。急需资金，就给外部资金多分一些股份；急于扩大规模，就给销售岗多分一些股份；一些老员工因为资历深厚，也分到了大量的股权。

李总原本以为，分配了股权以后，资金进来了，员工也会更有干劲，但结果却适得其反。拥有了大量资金后，新市场确实很快就搭建起来了，但是由于市场竞争不断加剧，新市场的开拓并不理想，业绩一直没有起色。这个时候，股东之间的矛盾逐渐加剧。

一些老股东和老员工非常不满，他们认为新加入的股东对公司的业务并不关心，而他们为了公司鞠躬尽瘁，新股东却拿着比他们多得多的股份。他们虽然提供了资金，帮助公司开拓了新的市场，但并没有给公司带来多少利润。生产岗的员工也有些不满，因为随着竞争加剧，现在企业经营大部分靠老客户维系，生产周期和产品质量越来越重要，但是他们持有的股份比业务部门却少得多。一些新员工加入后，觉得那些元老们业绩远不如自己，持有的股权却比自己高得多，觉得公司只重资历不看能力，普遍对公司前景缺乏信心。

几年下来，股权激励不仅没有帮助公司实现业绩的提升和员工积极性的提高，反而导致公司内部勾心斗角。围绕股权之争公司内部甚至分成了几个派别。每次公司决策层有新动向时，总是不断有人拖后腿。关键是分到了股权后，便不能像以前独资时那样随便辞退员工，回收股权也很麻烦。为此，李总苦不堪言，为什么别人搞股权激励风生水起，自己却搬起石头砸自己的脚？

股权涉及利益的问题，利益是驱动力，但同时也是魔鬼，分配得当，可以让员工全力以赴，不断创造高绩效；分配不当，也容易产生各种矛盾，造成企业内耗，甚至在员工激励层面起到反作用。

在股权分配的问题上，必须遵循一个重要的原则：成果和利益相匹配。

试想一下，你每天工作10小时，每周工作6天，而你的合伙人每天早上10点上班，下午3点下班，你会做何感想？其实员工也是一样，看到那些付出更少、贡献更小，股权却比自己持有更多的人，心里能够平衡吗？

所以分股之前，不仅要考虑员工以往的贡献，还要评估员工现在和将来能给公司带来的收益。股权激励无疑是最有效的激励手段之一，但只有设计并落地符合人性和企业发展的实际情况的

第一章
势不可挡的股权合伙人

股权激励措施,才能充分发挥核心人才的潜能,达到凝聚人心的效果,共同做大企业"蛋糕",最终实现双赢。

痛点七:仓促实施股权激励,后患无穷

我们在做辅导的时候,曾经遇到一家大型民营企业,对方就股权激励的很多相关问题感到头痛。譬如,几位高管持股比例与其贡献度不符,股权结构不符合老板的预期,影响决策效率,当前股权激励无法调动基层员工的积极性等。

我们在对该企业的股权现状进行调研的时候,发现该企业最初的股权分配方案存在很多问题,并且这些问题处理起来也很麻烦。当我们向老板询问当初为什么会采取这种股权激励方案的时候,老板告诉我们,当时他们急于挂牌"新三板"。

据介绍,该公司原来是一家家族式企业,老板独资控股,后来企业发展势头良好,规模也越来越大,就想挂牌"新三板",希望能够上市融资把企业做得更大。在经过多方咨询后,老板发现自家企业在许多方面都符合挂牌"新三板"的条件,急需解决的障碍之一就是股权结构的问题,企业要上市必须是股份制企业。所以企业要上市,必须先推动股改。

这位老板对股权一窍不通,只能借助外部上市咨

股权合伙人
Equity partner

询机构匆忙实施股权合伙人制度，由于外部上市咨询机构对该企业的实际情况特别是员工的个人情况缺乏了解，而且他们关注的重点是企业合规而非激励的有效性，再加上时间紧迫，所以在操作的时候难免简单粗暴。当时虽然在符合法律法规的情况下完成了股改，公司也成功地登上了"新三板"，但在后续的经营过程中，股权激励措施不合理的隐患渐渐暴露出来，问题日益严重。

仓促实施股权合伙人制度的案例是非常多的。在很多情况下，企业会仓促之下进行股权分配，例如上述案例中所讲的，独资企业要上市，必须进行股改，时间紧迫来不及慢慢规划；或者是公司规模小、人数少的时候，没那么多顾虑，老板拍脑袋就把股权分好了。这种仓促实施股权合伙人制度的情况，绝大多数都会在企业后续发展中带来无尽的麻烦和隐患。

因为股权分配对企业来说是一件战略层面的大事，需要进行全面的统筹和规划。著名投资人徐小平曾说过一句话："股权结构不合理，公司一定做不成。"其实不只是股权结构，在股权分配上，定结构、定平台、择人、定时、配量、定价格，还有相应的保障措施和退出机制，都是必须进行科学设计的，拍脑袋实施股权合伙人制度，必定后患无穷。

第一章
势不可挡的股权合伙人

痛点八：不敢实施股权激励，错失良机

除了上述问题之外，还有最后一个问题就是企业不敢实施股权激励。在咨询的时候，我们发现一个很有意思的现象：在许多中小民营企业里，对于股权合伙这件事，始终是谈论得多，实操得少；咨询得多，落地得少。很多企业家不敢实施股权激励，这是什么原因呢？

有一个老板，两年前就经常跟我探讨股权激励的问题，他对股权激励兴趣浓厚，学习了很多相关知识，对股权的认识非常深刻。但是直到现在，他也不敢落地实施。

为什么呢？他谈了三点：

1. 实在不好分，要照顾的人太多。元老、销售骨干、高薪挖来的高学历员工、亲戚朋友，各种关系错综复杂。在没有分配股权之前，很多东西还能保持平衡与和谐，一旦分配股权，这些就摆在了桌面上，而且是实打实的数字。一旦分配不好，很容易导致公司分崩离析。

2. 周围很多做了股权激励的企业，效果并不是太好。权力一旦分散出去了，再想收回来就难了，就连真功夫那样的知名企业，也因为股权纠纷闹到亲戚对簿公堂，风险不可控，不敢轻易尝试。

3. 现在公司业绩还不错，不急着实施股权合伙人

股权合伙人
Equity partner

制度,等到公司业绩碰到瓶颈时再想办法去激励大家。

类似于这位老板,不敢积极推动股权合伙人制度的人相当多。原因基本大同小异,对股权这个没有尝试过的新鲜事物,心存疑虑。毕竟从现实情况来看,股权激励做得好的企业有不少,但股权激励做得不好的,则是更多。甚至一些企业因为股权分配不合理,最终把企业带入泥潭。

想推动股权合伙人制度,又不敢做;要做,也不知从何处入手;小心翼翼地实施股权激励,又不知关键点在哪儿,最终错失良机。

面对这种情况,我们给出的建议是:请教专业的股权咨询人士或相关机构。常言道,请专业的人来做专业的事。老板在拿不定主意到底要不要实施股权合伙人制度的时候,可以邀请股权专家为自己的企业"诊脉",这样做有两个好处:一是当企业要实施股权改革时,能够给予信心支持和技术支持;二是专家的实战经验十分丰富,而且有绩效合伙人系统进行保障,打通绩效与股权结合的关键点,能够帮助企业落地更适合自身发展情况的股权激励系统。

第一章
势不可挡的股权合伙人

合伙企业的赛道选择与成功范式

从 1978 年安徽凤阳县改革到今天，各级政府园区创业扶持基金甚至是股权投资，让政府园区和企业之间成为合伙人关系。其中，合肥市政府入股扶持京东方、蔚来汽车等成功案例使其成为当之无愧的业界翘楚，一直为产业界和各大媒体津津乐道，合肥市也因此成为名副其实的"风投之城"。

2008 年，京东方遭遇了国际金融危机以及第 6 代 TFT-LCD 液晶面板线建造成本高昂等内外部巨大困难。为了帮助京东方顺利落户合肥，合肥市政府在全年财政收入仅有 300 亿元的情况下，毅然为京东方近 200 亿元的第 6 代液晶面板项目提供资金保障。按照双方约定，合肥市政府将投入 60 亿元，第三方投入 30 亿元，若未能引入第三方投资，则剩余 85 亿元贷款解决由合肥市政府提供担保。除此之外，合肥市政府还将给予京东方土地、能源、贷款等全方位的政策支持。

2020 年初，蔚来汽车开始陷入现金流短缺的困境，在与北京亦庄、浙江湖州等地方政府多次接洽未果后，合肥市政府迅速决定与蔚来汽车达成价值70亿元的股权融资协议，持有蔚来汽车24.1%的股份。此后，蔚来汽车的销量和股价双双大涨，成功超越宝马和奔驰，一跃成了全球第四大车企。而按照股价计算，合肥市政府的投资收益超过了1000亿元，再次成为"风投"的赢家。

公司的主要领导如果能够深入研究和思考改革开放以来，政府与百姓、政府与企业主之间的合伙人关系，一定会得到很大的收获和思维的改变。对比公司治理与公司发展所追求的合伙人制度，通过研究不难发现，赛道不同，结果不同。员工"替老板干"与"给自己干"，其心态是完全不同的；员工把工作当成是"打工"还是"事业"，心态更是完全不同的。当员工为老板干活时，他只是完成任务，上班拿工资；当他为自己干活时，他开始关注结果，关注成本和费用，千方百计提升业绩。心态的不同，带来的精神面貌和投入程度也是完全不同的。

当今社会，在企业经营发展的过程中，"人"的作用所占的比重越来越大。过去是流水线，机器和固定资产是企业最重要的资产。如今则是追求个性化，企业越来越朝着轻资产、重服务的方向发展，人才成了最重要的资产。

在新时代背景下，企业想要获得高速发展，对人才的激励十分重要。这也是近些年来股权合伙人制度越来越热的原因。近十

第一章
势不可挡的股权合伙人

年来发展得最好、最快的企业，其背后或多或少都有着合伙人制度或股权激励的影子。接下来，我们将为大家分析一些成功的范例，看看它们都是如何实施合伙人制度的，又为何会取得巨大的成效。

西贝式"合伙人计划"＝创业分部＋赛场制

作为餐饮行业的一匹黑马，西贝的成功备受业界瞩目。短短几年时间，西贝就从一家普通的餐饮店，发展成为拥有300多家直营店，23000名员工，营收达50多亿元。可观的净利润，使得西贝餐饮成为目前商业圈最炙手可热的餐饮品牌之一。

业内普遍认为，西贝的成功主要归功于一条——西贝的"合伙人计划"。

西贝的合伙人制度，最为人津津乐道的有三点：第一，实行创业分部制度，打出"成就100条好汉"的口号；第二，创建西贝大学，培养内部人才；第三，创建10万家餐厅，打造10万名合伙人。

冯仑曾经说过，"企业转型最大的挑战是如何创新组织以激发员工的创造力。"人才是企业最大的资源，人才的潜力也是无限的，一旦员工的潜能被激发出来，企业将会出现爆发性的发展。如何用"人"，如何激发人才的积极性，是企业制胜的关键。西贝的成功很好地印证了这一点。

合伙人的理念非常火热，将"合伙方针"贯彻到企业经营管理当中去的企业比比皆是，但像西贝这样成功的企业还是为数不多的。那么，西贝的合伙人制度到底好在哪里呢？为什么它可以真正激发员工的热情和创造力呢？

经过一番研究之后，我们将其总结为"六脉神剑"。

第一"脉"——赛场制度

"餐饮业是个辛苦行，基层的员工往往都是凭体力挣钱，我希望能调整一下，给基层的人一些利益。"西贝餐饮创始人贾国龙说，"但这个利益不是直接给、多给。我希望优秀的人能够做得更好，收入更高，希望通过这种模式让他们即使干辛苦活，也一样可以有更高的收入。"

赛场制——这是西贝莜面一项独具特色的制度。所谓赛场制，顾名思义，就是员工之间要进行竞赛，让大家一起比赛、学习、追赶、帮助、超越。

贾国龙希望通过各种各样的比赛把奖金分配给员工："我要往下分，分给谁呢？比如三个人比赛，我就分给第一名，那第二名和第三名也得想方设法做得更好。不能平均分配，如果平均分配了，那就成了大锅饭。"

"赛场制"的本质实际上是一种竞赛文化，西北餐饮分部之间彼此存在竞争关系，西贝餐饮总部给创业分部每年发放"经营牌照"，通过利润、顾客评价等指标的考核进行"全国大排名"。西贝总部会收回那些排名靠后的团队的经营牌照，然后重新分配，发放给新成立的创业分部。通过这种内部竞争方式，西贝可以更

第一章
势不可挡的股权合伙人

好地把控门店扩张的速度并保障其服务品质。

第二"脉"——创业分部

西贝餐饮的总部和下设门店是相互独立且协调统一的，西贝餐饮的门店团队有一个独特的名字，叫作"创业分部"。西贝餐饮各创业分部的门店，总部占60%的股份，门店团队自己投入40%，门店的系统开发、硬件全部由总部负责，分部自行招聘，自行培训，财务也完全由门店掌控，创业分部只需要每年向总部上缴60%的利润，余下的40%由团队自行分配。总之，创业分部具有极大的自主权。

贾国龙将西贝的组织模式总结为：共创共享。就是团队共同创造价值，然后再把价值按贡献的大小进行分配。

"在西贝，年收入超过1000万元的分部老板和总部高管，必须将超过1000万元的部分拿出一半，来激励自己团队里的各级奋斗者。"贾国龙说。

目前，西贝已经拥有超过15个创业分部。这些创业分部不依循传统企业按地域划分的方法，即使两个创业分部在同一区域，也可以同时开展业务。但这并不会导致恶性竞争，总部会提前协调选址，保证创业分部之间的竞争处在一个良性环境之下。

"创业分部+竞赛制"的成功，开创了将股权激励与调动员工积极性相统一的先河，它不仅给西贝带来业界的普遍赞誉，还使得西北餐饮成为众多企业争相模仿的对象。

第三"脉"——"牌照"策略

西贝的发展令人瞩目，如今西贝的分店已达380家左右，且营业额保持着持续上涨的态势。仅仅依靠西贝总部的宏观把控，是很难达到这种结果的。因为大规模的资金投入对于企业来说风险巨大，很容易把一个企业拖垮。

那么，西贝既能快速收回成本，又能实现大规模扩张的诀窍是什么呢？

根据贾国龙的介绍："我们按季度为单位进行比赛，进行排名，分A+（一个A+等于两个A）、A、B、C四个排名，获得四个A才能换一张牌照，也就是开一家新店。"

此外，获得优秀评定的员工也可以与他所在的团队共同拥有同一张牌照。这就意味着一家分店或者员工拿到的A越多，他们的团队就有能力开设更多的分店。

在新店开业的前三个月，西贝总部会承担所有的资金成本，这就相当于为创业团队提供了一个"温室"，避免了团队资金链断裂的问题，更利于团队的快速成长。与其他独立创业的小团队相比，这也是西贝创业团队独有的巨大优势。

但是"温室"是有生命期限的。三个月之内，新开门店需要实现盈利，并与总部一起共享利润。

这种机制，对于企业来说，避免了投资期限过长、无法正常运转的问题；对于员工来说，可以大大提高其收入。例如，一个门店月利润为100万元，除去成本和上交总部的部分，剩余部分大约为30万元可供团队分配。

这一"脉"既从根本上激发了团队的战斗力,又让员工和企业共担责任,避免了企业被拖垮。

第四"脉"——将合伙人制度变成一种文化

西贝的合伙人制度,不只是一种股权的分配,西贝餐饮甚至将它变成另一种企业文化。

比较著名的"好汉工程"就是一个例证。在西贝的公开文件里,有"好汉养千口"这样的口号。那么,应该如何定义"好汉"?假如你能带领1000名员工创造更加美好的生活,并且这些员工能够感受到的你的爱与帮助,那么你就是一条"好汉"。

西贝的计划是,在未来10年培养100名"好汉"。

在"好汉工程"的影响下,西贝的员工都在努力成为如表1-2所示的三类人。

表1-2 西贝的"好汉工程"

目标	行为准则
"好汉"成就人	通过成就别人成为"好汉",实现自己的人生和职业目标
"好汉"	在"好汉"成就人理念的带领下,学习"带兵千人"技能,通过满足、成就"千人"的职业人生规划,来实现自己的人生目标
"好汉"追随者	"好汉"的"千人"追随者之一,通过跟随"好汉"奋斗,实现自己的职业人生目标

"好汉工程"就是让"好汉"成就人、"好汉"追随者和"好汉"这三类人签署了一份"军令状"。这样就将成就他人的人生

规划与自己的人生规划进行了挂钩，有利于实现团队协作，便于大家更好地互帮互助、共同进步。

第五"脉"——西贝大学

西贝不仅通过股权制度把员工变成合伙人，还建立各种学习制度培养合伙人。

以内部培养为主，这是国内许多餐饮企业都曾采取的方式。西贝的中高层管理者也仿照这种方式，由一线员工晋升为管理岗位，再跃升至合伙人，这也是很多门店培养合伙人的一种渠道。

第六"脉"——薪酬领先

西贝薪酬管理的主要策略包括四个方面：一是薪酬、福利、学习与发展等项目的高投入；二是利润在公司内部的分享；三是保持公司、门店主要管理人员的领先薪酬；四是超配置的工匠厨师。

如今，西贝的店长有四份收入（如表1-3所示）。

表1-3 西贝的店长收入组成

序号	收入组成
1	保障性年薪
2	公司内部PK赛奖金
3	门店利润四成留店
4	公司股份的分红

第一章
势不可挡的股权合伙人

西贝 2018 年的年度最佳雇主调查显示，西贝一线员工的收入，高出同行 50%~100%，有的甚至比西贝总部人员还要高。

工作与收入直接挂钩，才能让员工真正将工作当成自己的事业；能够预见自己未来的收入，员工才会真正将企业的长远发展当成自己的事业。

西贝总裁贾国慧说："因为这些高于同行的薪酬、福利配置，以前还有企业派人到西贝卧底，但最后他们都不愿回去了，因为福利太好了。"

企业真正的驱动力，来自共同奋斗的员工。西贝的成功充分说明，在企业经营越来越艰难的情况下，通过合伙人制度激发员工的工作热情，向内寻找驱动力，比向外寻找机会更加有效。

万科：事业合伙人阻击门外的野蛮人

2015 年 12 月 17 日，万科集团的创始人王石隔空对话宝能系老板姚振华："尽管我感激你选择万科、增持万科，但是你想成为第一大股东，我不欢迎！"自此，"万宝之争"正式拉开帷幕。

但是由于历史原因，万科集团的管理层持有的股份极少，在"万宝之争"中，万科管理层长期处于不利局面。在宝能系流露出其巨大的野心之前，万科管理层与其单一大股东华润集团依据一致行动人协议，掌握着万科的决策权。在宝能系不断增持万科股权的那段时间，万科管理层也曾向华润求助，华润对此却不予理睬。迫于无奈，万科管理层拟以发行股份的方式，稀释宝能系的股份。不料此举也稀释了华润的股份，遭到华润的强烈反对，万科的处境越来越艰难。

在长达两年的拉锯战中，宝能系一度成为万科集团的第一大股东，并携手华润，试图将以王石为代表的万科管理层踢出万科。与此同时，王石、郁亮等人也在积极寻找万科的新出路。

2016年7月22日，证监会斥责万科相关股东与管理层通过各种方式激化矛盾，置公司广大中小股东利益于不顾，严重影响了公司的市场形象以及正常的生产经营活动，违背了公司治理的基本原则。

2017年6月9日，中国恒大将14.07%的万科股权悉数转让给深圳地铁，深圳地铁持股比例由15.31%变为29.38%，一举超过宝能系的25.4%，成为万科第一大股东，自此"万宝之争"才宣告盖棺定论。

在"万宝之争"的过程中，万科曾尝试过"停牌""重组""舆论"等多种手段，最终重组成功。但在我们看来，万科最终能够扭转乾坤的原因，在于其成功地赢得了民心，得到了员工和股东的支持。因为员工和中小股东坚定不移地站在万科的背后予以支持，证监会才罕见做出表态，必须尽早结束这场"万科股权之争"。万科成功的基石早在2014年就已经奠定了，它就是万科的合伙人制度！

在万科看来，事业合伙人机制并非简单的激励机制，它还是一种分享机制、一种发展机制、一种管理机制。它鼓励员工"以自有资金与公司一起投资'公司做领投的项目'"，从而使经营管理团队和股东的立场实现统一，保障了风险和收益的共创、共享、共担。

接下来，我们将从两个方面介绍万科的事业合伙人制度。

项目跟投制度

项目跟投制度是指对于公司的每一个新项目，参与投资的人员可以分为两部分：一部分是必须参与投资的人员，包括项目自身的管理团队；另一部分是自愿参与的人员，是除公司董事、监事、高级管理人员以外的其他员工。参与项目跟投的人员必须拿出真金白银进行投资。2016 年，万科规定员工初始跟投份额不得超过项目资金峰值的 5%，现已调整为跟投人员合计投入资金不超过项目资金峰值的 10%（参考《万科 A：跟投制度》2020 年 3 月修订版，如表 1-4 所示）。

表 1-4　参与投资人员分类

分类	具体内容
必须跟投人员	1. 跟投对象：项目所在一线管理层及该项目管理人员 2. 项目所在一线公司跟投人员可在未来 18 个月内，额外受让此份额。受让时按照中国人民银行同期同档次贷款基准利率支付利息
自愿跟投人员	1. 跟投对象：其他员工 2. 跟投人员合计投入资金不超过项目资金峰值的 10%。跟投人员直接或间接持有的项目权益比例合计不超过 10%，对于万科股权比例低于 50% 的住宅开发销售类项目，跟投人员直接或间接持有的项目权益比例不超过万科在该项目所持权益比例的 20%。单一跟投人员直接或间接持有的项目权益比例不超过 1%
限制跟投人员	公司董事、监事、高级管理人员

股权合伙人
Equity partner

跟投人员应及时、足额支付跟投资金，并保证跟投资金来源合法，跟投人员不得在跟投过程中侵犯公司利益。跟投资金应在公司资金投入后 20 个工作日内到账。如遇特殊情况，跟投资金到账时间亦不得晚于公司资金到账后 40 个工作日。如跟投资金实际到账时间晚于公司资金到账时间，跟投人员应额外支付权益溢价款，金额为按照公司平均融资成本计算的期间收益。公司不对跟投人员提供借款、担保或者任何融资便利。

进行跟投项目收益分配时，跟投人与万科公司按投资比例分配收益。

在 2017 年 1 月的第三版修订中，加大了跟投人的责任和风险。

1. 设定门槛收益率（项目 IRR=10%），当项目收益率未超过门槛收益率时，优先保障万科公司享有门槛收益率的收益，超过的收益（如有）才分配给跟投人。

2. 设定超额收益率，当项目收益率高于门槛收益率但不高于超额收益率（10% < 项目 IRR ≤ 25%）时，万科公司与跟投人按投资比例分配收益。

3. 当项目收益率高于超额收益率（项目 IRR>25%）时，在超额收益率以内对应的收益，万科公司与跟投人按投资比例分配收益；超额收益率以上的收益部分，跟投人按其投资比例对应收益的 1.2 倍分配收益。

就是说，在项目收益一般时，收益可能全部归万科公司所有，跟投人可能没有收益；在项目收益较好时，跟投人能够按照投资比例分配收益；在项目收益非常好时，跟投人就能够得到超过投

第一章
势不可挡的股权合伙人

资比例的收益。

以项目确定事业合伙人团队

在项目执行过程中,需要搭建具备完整流程的团队,因此需要职能分工各不相同的人共同协作。基于此,公司内部可根据项目需要,将人员从原有部门拆解,重新组成合伙人团队,这样就能满足部门之间相互协同的需要,有助于制定最优解决方案。事业合伙人持股计划在近年几乎颠覆了万科的文化。现在万科的合伙人文化是:信任文化+协同文化+去金字塔化。事业合伙人文化其实是企业与股东之间的一个互相承诺,它包括三方面的内容。

第一,共担风险。如果仅仅是为了旱涝保收,那么取得的回报也将是有限的;只有共担风险、承担失败的后果才能成为企业的主人翁。

第二,共同进退。要成为合伙人必须以背靠背的信任为基础,而信任不会凭空而生,它需要大家杜绝浪费、舞弊和无作为,同时互相帮助、互相提醒、互相补台。

第三,共患难,同安乐。合伙需要荣辱与共、利害相依,而不是过度计较个人得失和内部博弈,否则将会导致"整体小于部分之和",最终得不偿失。

在万科与宝能旷日持久的拉锯战中,万科作为弱势的一方,能够始终毫不动摇地坚守自己的阵地,守住了自己的底线,并最终取得胜利,完全得益于万科推行的合伙人制度。它成功地将万科上下凝聚为一个整体,它的成功经验值得我们不断借鉴和汲取。

Chapter 2
第二章

股权合伙人之"四五六落地系统"

虽然上文提及的关于股权的基础知识非常重要，它可以让我们排除障碍、走出误区，在思想观念上减少股权试错的成本，但更重要的是，股权合伙人制度落地的实操、细节与步骤。近些年来，越来越多的民营企业已经开始引入股权制，和一咨询也曾为大量企业提供服务，积极帮助那些想要推动股权改革的企业进行股权的落地咨询。这些企业，既包括之前我们做绩效咨询辅导的老客户，也包括一些新客户。

在此过程中我们发现，民营企业在推动股权落地时出现了种种让人为之痛心的问题，我们也成功地帮助了一些企业实现了股权合伙人制度的落地。比较集中的问题我们在上一章已经提过。实际上，在我们进行咨询辅导的过程中，遇到的与股权相关的问题和疑惑，远远不止以上这些。

股权合伙人制度是一门精深的学问，对于很多企业家，尤其是民营企业家来说，他们对实施股权合伙人制度有着迫切的需求，但又总是感叹股权兹事体大，不敢乱来。他们在进行股改时往往面临以下三个问题：

企业人才缺乏

很多企业家都在喊"缺人"，其实不只是缺人，更缺人才。

扩大一条生产线，新开一个店铺，就需要更多的人才，特别是管理人才，但一个合适的管理人才并不是随时都能够找到的。

对于很多民营企业来说，"招人越来越难，留人也越来越难"。没有人，规模扩大了，毛利反而降低了。我们在为企业提供咨询

第二章
股权合伙人之"四五六落地系统"

辅导的过程中常常会遇到这样的现象：企业规模尚小的时候容易管理，可以经营得很好；一旦规模扩大了，却发现人才不足，不可控因素越来越多，最后经营状况反而每况愈下，这也是很多民营企业的痛点。

管理效率低、成本高

民营企业大都缺乏现代企业管理经验。在规模较小的时候，老板往往身兼数职，所有中高层一律对老板负责。但规模扩大后，不可控因素越来越多，经营管理层面已经很难做到直接管理，这个时候往往就会发现各种问题都来了。

员工缺乏能动性

在民营企业中，员工每月都拿着固定的工资，无论干多还是干少，收入都一样，因此他们工作的积极性并不高。在"为老板打工"的思维模式下，员工往往认为企业利润与自身利益无关，因此对于企业的发展普遍漠不关心。

要解决以上这三大难题，以合伙人的方式实施股权激励无疑是一个很好的方法。将员工变成企业的合伙人，让员工与企业坐上同一条船。把员工变成自己人，员工的责任感提升了，自然就会自动自发地把工作做好，管理成本也就大大下降了。

目前，市场上有很多关于股权合伙人的课程和书籍，相关的理论和方法过于艰深，不太适应民营企业特别是传统行业的实际情况。对于大多数民营企业来说，不仅学习起来十分晦涩和困难，也难以落地实操。

　　因此，在近年来股权理论研究和企业辅导实操的过程中，我们总结出了一套更加适合民营企业的股权合伙人制度落地系统。我们将这套系统称之为"四五六落地系统"。

第二章
股权合伙人之"四五六落地系统"

什么是"四五六落地系统"

这里的"四",指的是股权合伙人的四大布局。

股权的布局十分关键,它涉及企业的控股权问题和决策权问题。因此,推动股权落地,首先要解决的就是布局问题。

有人说:"有些企业的失败,从它创立的那一天起就已经注定了。"其实说的就是股权布局不合理造成的恶果。在此,我们将从激励目的、利益来源、权力分配、持股平台这四个方面,与大家分享股权布局和相关问题及其难点(如图2-1所示)。

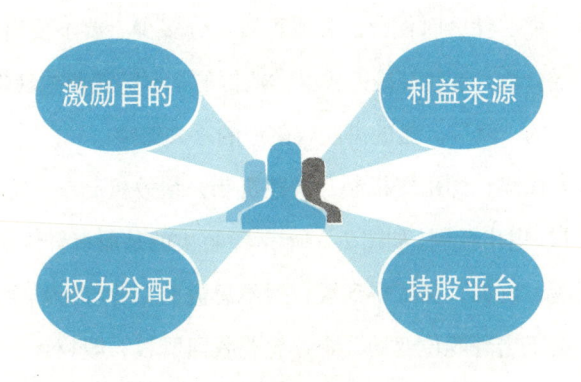

图2-1 股权布局四大要点

这里的"五"，指的是股权合伙的五大原则。

所谓五大原则，即定股、择人、设时、计价、配量（如图2-2所示），实际上要解决的就是股权的合理分配问题。股权只有分配得当，才能取得最好的激励效果。一旦分配不当，轻则达不到预想的激励效果，重则会让企业分崩离析，后患无穷。

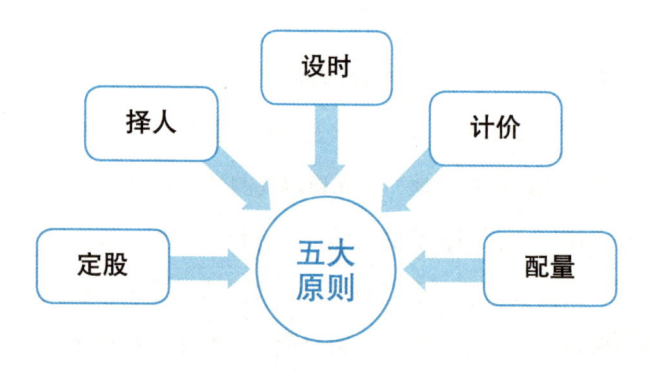

图2-2 股权合伙五大原则

分给谁、什么时候分、分哪种股、分多少、要不要出钱买、出多少钱合适，这些都是需要科学依据的，不能随便拍脑袋决定。

这里的"六"，指的是股权落地的六大保障。

六大保障，即出资机制、调整机制、绩效机制、分配机制、管理机制、退出机制（如图2-3所示），解决的是股权合伙人的"安全"问题。例如，员工得到股权后不思进取，分红影响企业的现金流，员工出现职位变动，企业想要收回股权，股权合伙人这件事谁来管，谁来负责计算工资、核算分红等。

第二章
股权合伙人之"四五六落地系统"

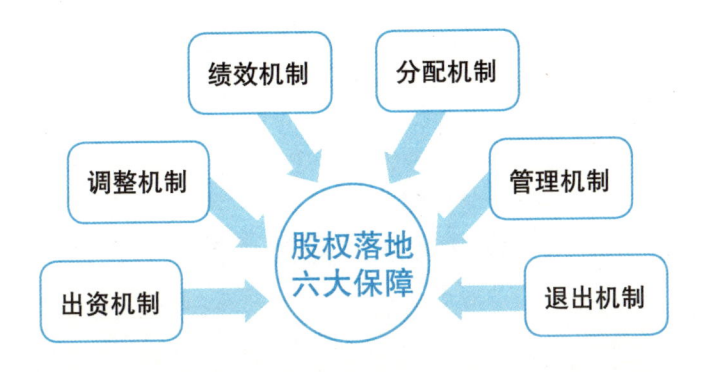

图 2-3　股权落地六大保障

接下来,我们将通过"四五六落地系统",为大家分享最系统、最通俗、最实效的适合民营企业的一套股权落地系统、通过我们的实践验证,这套系统不仅有效,而且科学严谨,完全可以落地应用。希望本套系统可以对广大致力于实施股权合伙人制度的企业家们有所启发,帮助大家在推动股权合伙人制度的过程中少走弯路。

股权合伙的四大布局

股权布局一：激励目的

许多中小企业进行股权布局并没有明确的目的，只是一味地模仿和追赶潮流。要想做好股权布局，就必须明确实施股权激励的目的是什么（如图2-4所示）。

图2-4 股权布局四大要点之激励目的

不同企业实施股权激励的目的，依据企业的性质、规模和企业的发展阶段而各有不同。总体来说，可以归纳为以下几种（如图 2-5 所示）。

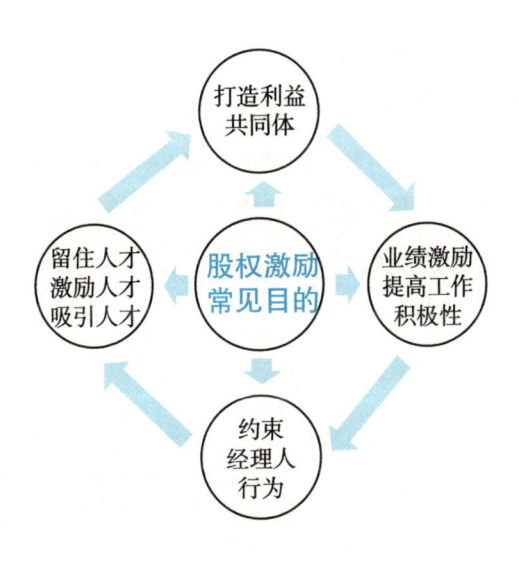

图 2-5　股权激励常见目的

打造利益共同体

一般来说，企业所有者与员工之间的利益并非完全一致。企业所有者更注重企业的长远发展，而技术人员和管理人员作为企业的雇佣者，则更看重眼前的利益。不同的价值取向，必然导致不同的行为方式。

实行股权激励，将企业管理者和技术人员等都纳入企业股东范围，如此一来，员工的个人利益就与企业利益捆绑在一起，从而形成利益共同体，这种全新的利益关系，使大家"一荣俱荣，一损俱损"。股权激励给激励对象带来了身份感的转变,使其具有了主人翁的意识,他们会自发地控制成本,提高公司利润,以获得股权资本收益的最大化。

业绩激励,提高工作积极性

站在全局的角度,我们能够清晰地发现实施股权激励后公司未来的发展趋势,下面我们以经理人在参与股权激励计划后的改变为出发点,构建相关的激励流程图(如图 2-6 所示)。

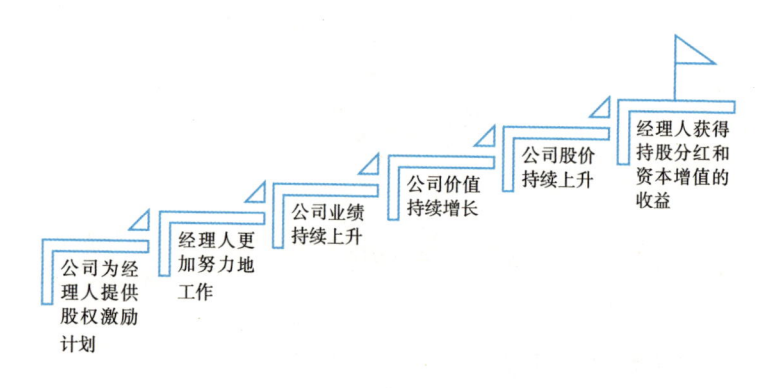

图 2-6 激励流程图

在这种激励逻辑下,经理人具有分享企业利润的权利,公司的良性发展会给予经理人更多的持股分红和资本增值的收益。为此,经理人也会大大提高自身的积极性,"越激励越积极,越积极给予的奖励越多",经理人和公司之间在有来有往中形成一个良性循环,公司和经理人都在股权激励中受益。

第二章
股权合伙人之"四五六落地系统"

尤其是对公司而言，股权激励激发了员工的内驱力，员工以更加积极主动的姿态投入到工作中。同时，为了更加高效完成任务，员工也会自动自发地研发新方案，无形中也会为公司带来更多的发展机遇。

约束公司高管和基层员工行为

以往，公司的福利制度偏向于实物奖励，能否获奖只与业绩挂钩。因此，基层员工和公司高管更重视短期利益，在公司日常支出中，他们的一些行为浪费的成本往往占据了很高的比例。在实行股权激励后，员工的收益来源于两部分：一部分是工资；另一部分是利润分红和增值。利润高低与公司的营收和成本有关，降低成本也会增加员工的收入。实行股权激励后，"能否为公司节约成本"等于间接被纳入了股权激励的考核范围，这就对基层员工和公司高管的自我行为提出了新的要求，在利益驱动下，他们会自觉控制偷懒、腐败、不合理的消费等负面行为。

吸引人才、留住人才

实施股权激励机制，最重要的改变就是对员工的去留产生了深远影响。

其一，"栽好梧桐树，引得凤凰来"，企业对人才的重视，会吸引一大批对自身才能充满信心，且具备一定经营管理才能的经理人。

其二，当员工离职或者做出某些不利于企业的行为时，他们就会失去股权激励所带来的收益。离开或者犯错成本太高，员工自然就会放弃辞职的想法，安心在公司一直服务下去。

股权布局二：利益来源

企业在推动股权合伙时，要分出一部分股权给员工。那么，利益怎么来呢？这是值得思考的要点（如图2-7所示）。

图2-7　股权布局四大要点之利益来源

目前，大多数企业都是采取"做减法"的模式。所谓"做减法"，就是把原来100%的股份逐渐分发出去。例如，假设在没有实施股权激励之前，老板所拥有的股份是100%，第一次实施股权激励，老板拿出10%的股权激励被激励对象，企业的股权结构就变成老板拥有90%的股权，被激励对象拥有10%的股权。倘若两年以后，企业再次拿出10%的股权实施股权激励，老板的股权占比就变成

第二章
股权合伙人之"四五六落地系统"

80%，被激励对象占比20%……长此以往，总有一天股权会分无可分，而分出去的股权也很难收回来。

这种"做减法"的方式，使得很多企业在股权合伙是否具备价值这一问题上存在疑虑。比如我们前面所讲的，很多老板认为"实施股权激励是分了我口袋里的钱""实施股权激励导致我的股份不断被稀释，最后威胁到我的控制权"，这也是很多人对股权激励的一个固有看法。

我认识一个老板，他对股权激励并不熟悉，也没有请专业人士进行咨询，当时在实施股权激励的时候，企业的规模也不大，所以在分配股权时很随意，既没有在分股前明确与持股股东协商好"责、权、利"的关系，也没有确定相应的退出机制。

企业发展过程中，企业管理层几经变动，部分高管辞职后没有将股份交回。几年后，公司想要融资扩大规模时发现，这些离职的员工不仅不能为公司做出任何贡献，反而还在公司拥有一些特殊的权益和权力。此时，老板手里的股份占比已经很低，如果再分一部分股份出去，就会影响到企业的控制权。

当他想要赎买原来分出去的股份时，那些离职的股东早已跟他离心离德，不仅对企业没有丝毫的感恩之心，甚至还想要趁火打劫，漫天要价。

如果企业总是用"做减法"的方式实施股权激励，企业不断地有人进进出出，不断地有人带走股份，那肯定会给企业发展带来隐患。

看到这里，我们不免会联想到，像阿里、华为、腾讯、京东那样的大型企业，他们的员工众多，激励的人数众多，一般企业难以企及，那么他们是如何做到分了那么多股份出去，新员工进来依然还能够分股的呢？

"减法"变"加法"，解决"不够分"的问题

做好股权激励，我们要学会"做加法"。

所谓"做加法"，就是将原有的股份虚拟成100股。当需要进行股权激励时，就在原有的股权基础上增加相应的股数。譬如给A员工10股，B员工20股，那么就在原有100股的基础上增加30股，总股数变成130股。

一旦采用"做加法"的方式，那么可以用来进行激励的股权就是源源不断的，员工能分到的股权也不是固定不变的。那些能为企业持续做出贡献的人，他们持有的股份会不断增加；对于不努力工作的人来说，也会有越来越多的股东进来稀释他的股份。按照这样的方式，既能够解决"不够分"的问题，又能激励员工加倍努力地工作。

按照"做减法"的方式，张三分走5股，李四分走5股，如果来10个人分，股权就被分走了50%，继续增加，企业就要无股可分了。但是按照"做加法"的方式，其结果是让100股变成

第二章
股权合伙人之"四五六落地系统"

了150股，老板依然拥有公司的控制权。并且公司的总股数还可以不断增加，后续再需要进行激励时，也不会后继无力。

因此，企业在推动股权合伙人制度的时候，可以将公司股份虚拟为多少股，后续再"增发"，这种方法适用于在职员工的分红股权激励，也不用工商局注册，几乎没有什么风险。

当然，这里仍需要注意，增发后股权、控制权及分红权的操作问题，理论上可以实现无限循环，但实际操作过程中也会受到很多限制。

正如我们在股权误区中所讲的，很多老板都有一个普遍的困惑："实施股权激励的钱从哪里来？会不会分了我自己口袋里的钱？"在现实生活中，这种"老板从自己口袋里掏钱实施股权激励"的案例也是不胜枚举，而且往往效果并不好，钱虽然分出去了，但是期望的激励效果却没有达到。这是因为，股权来源老板的口袋，很有可能把激励变成福利。这里需要再次明确，股权价值应该是立足于未来，分未来的钱，而不是分过去的钱。

"无中生有"，解决"怎么分"的问题

解决了"不够分"的问题，我们需要进一步考虑"怎么分"的问题，下面我们将从几个典型案例入手，给予企业如何操作股权分配的具体方法。

老板请客、员工买单

我曾经辅导过一个连锁企业老板，他一心想把企

股权合伙人
Equity partner

业做大做强,但因为各种原因,公司的人才队伍参差不齐,老板发现企业做得越大自己越累,同时由于新店扩张的速度太快,资金压力日益巨大。

老板感到很困惑:如何让门店员工自动自发地经营好事业呢?如何将经营压力进行传递,让员工也能够利益共享,风险共担?

这里有一个解决思路就是:老板请客、员工买单。即老板拿出一些股份,员工出资购买。这样既能增强员工的责任感,又能缓解公司的资金压力问题。

具体操作方法包括:

1. 公司通过出售产品、提供后勤服务、提供管理支持、预收款获得收益;

2. 将盈利店铺按照利润的 3~5 倍出售一部分股权,提前套现,老板再用套现获得收益去开设新店铺。

老板请客、市场买单

我所辅导的一家民营企业,在给部分员工进行期股、干股的激励之后,员工积极性大幅提升,企业绩效翻倍。三年下来,原来一年营业额 5000 万元,现在一年可达 2 亿元,利润更是增加了 6 倍多。

绩效最好的一年,评级等级为 A 级的基层操作工,干股分红没有低于 8 万元的,一些核心骨干的股息分

第二章
股权合伙人之"四五六落地系统"

红达到几十万元。虽然公司分了很多钱,但是分的并不是老板口袋里的钱,也不是公司原有账户里的钱,而是增量市场里的钱。虽然分了很多钱,但是老板反而赚得更多了,口袋更鼓了。

这就是典型的"老板请客,市场买单",尽管分了一部分股权出去,也分了一部分利益出去,但是员工的积极性被调动起来了,把市场做得更大了,最终分的都是市场的钱,等于市场为老板买单。

这是我们最提倡的一种利益来源模式,把未来的受益作为分配条件,本质上是一种共赢的机制。火车跑不赢动车,是因为火车只有一台发动机,而动车每节车厢都有发动机。给予员工股权激励,就等于是给每个员工都装上了发动机。

从这个意义上讲,股权激励是一种有效的整合资源的手段。一家规模很小,经营状况一般的企业,其股权的价值是非常有限的,但是每一个人都有自己的进取心。很多人拥有旺盛的进取心却欠缺合适的机会和平台,企业如果能够为员工提供平台和机会,通过股权激励这种手段,给那些勇于进取的员工埋下一颗希望的种子,各级人才怀抱希望,有钱出钱,有力出力,齐心协力,最后一定可以把一个没有价值或价值很小的公司,发展成一家有价值乃至价值倍增的公司。这种开拓进取的精神,是最成功的股权激励方式。

股权合伙人
Equity partner

老板请客、投资者买单

我曾经辅导的一位客户，他旗下的企业在实施虚拟股激励之后，公司得到高速发展。随后，便进一步计划上市。但是，鉴于上市法规的限制，需要取消之前的虚拟股激励，回购员工股份，这需要大量费用。有介于此，该公司回购虚拟股后，让员工认购实股，而实股价格高于虚拟股价格。这就是"老板请客，投资者买单"。

虚拟股激励是股权合伙激励模式的其中一种，它又分为两种情况：一种是公司授予激励对象一种"虚拟"的股票，激励对象可以据此享受一定数量的分红权和股价增值收益。此时的收入即未来股价与当前股价的差价，但没有所有权、表决权，不能转让和出售，在离开企业时自动失效。另一种是公司给予激励对象一种权利，即经营者可以在规定时间内获得规定数量的股票股价上升所带来的收益，但不拥有这些股票的所有权，自然也不拥有表决权、配股权。与虚拟股票的区别在于，它只赋予激励对象获取增值的权利，而不是整个虚拟股份的价值，它更偏重于对管理层提高公司业绩的鼓励。前者是以虚拟股票作为股权激励的股权来源，后者是以虚拟的股票增值权作为股权激励的股权来源。

上市公司在募集资金的时候，往往都有非常严格的法律规定，在一定的条条框框下进行，而民营企业在实际操作过程中，则往往没有那么严谨，如果操作不当，可能会涉及法律的红线。最容

第二章
股权合伙人之"四五六落地系统"

易涉及的一个问题,就是"非法集资"的问题。所以在进行股权分配和募资的时候,还要熟知相关的法律条款。

《关于取缔非法金融机构和非法金融业务活动中有关问题的通知》规定,非法集资是指单位或者个人未依照法定程序经有关部门批准,以发行股票、债券、彩票、投资基金证券或者其他债权凭证的方式向社会公众及不特定人群筹集资金,并承诺在一定期限内以货币、实物以及其他方式向出资人还本付息或给予回报的行为。

非法集资的两个关键因素就是"不特定人群"和"公开募集",让员工购买股份,向员工募集资金,则属于特定人群,因此在实际操作过程中有一个需要特别关注的问题:一定要先签订劳动合同,再出资购买股份。同时,在发布出资购股的相关文件时,尽量避免出现在公开的媒体上,以企业内部文件为佳。

股权布局三:权力分配

股权分配是进行股权激励最核心的措施,只有合理进行股权分配,才能实现员工和企业的利益统一(如图 2-8 所示)。

股权合伙人
Equity partner

图 2-8 股权布局四大要点之权力分配

在下文中，我们将围绕几个关键因素来探讨股权的权力分配问题。

股权的比例划分对企业有哪些影响

股权的比例划分，对企业至少有四大影响：

1. 明晰合伙人的责、权、利

合理的股权划分，能够明确合伙人的责任、分工和收益。合伙人制度自诞生以来，就有两个显著的优势：责任共担、利益共享。股权合伙继承了合伙人制度的优势，合伙人以其出资额对公司承担有限责任，承担责任的同时，合伙人也享有相应的收益权。

在公司成立之初，就应该合理化公司的股权分配。有一些企业，在公司规模较小、股值较低时，股权架构没有进行合理规划，老板随心所欲地"东分一点，西分一点"，造成权力分散。在企业初创期问题还不明显，但随着企业规模不断壮大，盲目分配股

第二章
股权合伙人之"四五六落地系统"

权的弊端终会暴露出来,轻则伤筋动骨,重则有可能会毁掉整个企业。

所以在分配股权时,不能只讲人情,一味拍脑袋,而是要科学决策,合理分配。正所谓"亲兄弟也要明算账",在分配股权时,一定要明确合伙人的责任、分工及回报,且能在这一问题上达成共识。

2. 影响公司后续的稳定

2012年年底,由独立新媒推出的脱口秀栏目《罗辑思维》火爆全国。

说到《罗辑思维》,不得不提到一对黄金搭档:主持人罗振宇和策划人申音。2012年4月19日,昔日第一财经"中国经营者"著名主持人罗振宇携手资深财经媒体人申音,联手创办独立新媒,其推出的《罗辑思维》栏目,仅一年时间,就成为互联网知识社群第一品牌。

独立传媒成立伊始,传统企业互联网+实战派转型教练王冠雄曾评价申音和罗振宇的这次合作为"类经纪人模式",并补充说:"在这种模式下,传统工业时代的股份比例只是一个表面现象,公司真正的价值在明星身上,但是按照当前的《公司法》条款和公司治理结构的现实状况,股权却掌握在经纪公司手里。这就造成了实际上的价值倒置。"

股权合伙人
Equity partner

既然合伙之初隐患便已埋下,那么罗申分手,已经是板上钉钉的事情,接下来的事态发展果然将当年的担忧变成现实:

2014年5月17日,传出罗振宇和申音分道扬镳的消息;

2014年7月4日,罗振宇彻底退出独立新媒股权结构。至此,罗振宇和申音的合作宣告结束……

创业初期,企业的商业模式处在试错阶段,一旦股权分配机制不合理,极有可能导致后续出现各种矛盾冲突,造成合伙人之间离心离德,影响企业的稳定。

3. 影响公司的控制权

2019年10月10日,当当网创始人李国庆在参加某访谈节目时怒而摔杯,并痛斥妻子俞渝把他踢出一手创建的"当当"。紧跟着,2020年4月26日,"当当网事件"再爆新雷,李国庆率四名大汉进入"当当"拿走几十枚公章,并发布《告当当网全体员工书》,宣布接管"当当"。与此同时,"当当"选择报警,并宣布公章作废。当当网创始人夫妻的"争权大战",一度引爆网络。

"当当网事件"是利益和股权分配问题引起的冲突。当当网在美股上市的时候,李国庆的股份占40%

第二章
股权合伙人之"四五六落地系统"

左右,俞渝占5%左右。后来,当当网私有化退市后重新分配股权,两人各拿出一部分股权给其子,而他们的儿子的股权由俞渝代管。2019年7月,李国庆提出离婚,同时要求索回自己给儿子的股权。

此时,俞渝持股64.2%,李国庆持股27.5%。按照《公司法》,俞渝持股64.2%,超过绝对控股线,但并未达到67%的完美控股线。而按照《民法典》(婚姻家庭编),俞渝和李国庆所持有的股权是夫妻共同财产,一旦离婚,李国庆将拥有45.85的股权,再加上小股东的股份,将超过半数,这也是为什么李国庆想要离婚,而俞渝一直不同意的原因。

通过当当网的股权之争,我们可以清楚地发现,在实施股权分配时,公司的控制权很重要,如果老板对企业失去控制权,那后果将是非常严重的。

4. 影响融资

企业在进行融资的时候,必然会被投资者问及股权架构的问题。资本方不仅会审核产品、商业模式和团队,也要审核股权架构的合理性。股权架构不合理的企业,资本方一般都不会愿意进入。

我有一个客户,他在早期创业时,与其他两个合伙人凑了49万元,做房地产开发的朋友给他们投了51万元,共拼凑了100万元启动资金。大家按照各自出资比例,简单直接地把股权划分了,即合伙人团队占股49%,外部投资人占股51%。

公司发展到第三年,合伙人团队越发觉得当初的股权分配方案极其不合理,因为他们投入了大量精力,却只占小头;而那位朋友没有为公司出过任何力,仅仅多出了2万元,反而成了公司的大股东。更为关键的是,当公司想引进外部投资人时,多个投资人在做完初步尽调后,表示不敢投资他们这类股权架构公司。

为什么?因为外部投资人认为,这种不合理的股权分配模式,会在后期严重影响实际管理者的积极性。更重要的是,这样的股权结构,很容易因实际掌舵人控制不了公司而引发灾难性后果。

51%就能绝对控股吗

通过上面这个案例,我们发现了一个重要问题:即股权分配比例的问题。51%就能绝对控股吗?我的回答是:不一定。

我们先了解一个概念:长期股权投资。

长期股权投资是指通过投资取得被投资单位的股份。企业对其他单位的股权投资,通常可以视为长期持有,以期通过股权投资达到控制被投资单位,或对被投资单位施加重大影响,或为了与被投资单位建立密切关系,以分散自身的经营风险。

从其定义来看,投资方对被投资单位的影响程度,可分为重大影响、共同控制和控制三种。

第二章
股权合伙人之"四五六落地系统"

1. 具有"重大影响"的长期股权投资

其参考持股比例范围为 20%～50%。一般是对联营企业的投资，投资方主要对联营企业在两个方面产生影响：一是财务，二是生产经营。

但 20%～50% 并非一个绝对的范围。有时持股比例虽然低于 20%，但是其产生的影响也是举足轻重的，这种情况主要出现在如表 2-1 所示的情景中。

表 2-1 持股比例低于 20% 产生重大影响的情况

序号	持股比例低于 20% 产生重大影响的情况
1	在被投资单位的董事会或类似的权力机构中派有代表
2	参与被投资单位的政策制定过程
3	与被投资单位之间发生重要交易
4	向被投资单位派出管理人员
5	向被投资单位提供关键性技术资料
6	享有部分表决权、可转换的认股权证、股份期权及可转债等潜在重大影响的因素

以上情况，可以归纳为三种：第一，派人；第二，管事；第三，对投资单位存在业务或技术上的依赖。

股权低于 20% 会产生重大影响，那么股权在 20%～50%，是否一定会如我们所想的一样产生重大的影响呢？答案是，不一定。因为可能不存在实施重大影响的途径等情况。

所以，比例只是一种形式和先行标准，是否具有重大影响的关键在于实质。

2. 具有"共同控制"的长期股权投资

其理论比例是50%。这个比例同样并非一个绝对数字，可以在40%~60%浮动。在这种投资形式下，"一个人说了不算，两个人说了才算"，被投资方属于投资方的合营企业。

3. 具有"控制力"的长期股权投资

其持股比例为50%以上。在这种模式下，被投资单位与投资单位是母子公司关系。如果持股比例不到100%，那么投资单位属于控股子公司；如果持股比例达到100%，那么投资单位则为全资子公司。

这是投资方所能享受到的最高权力，投资方不但可以享有被投资方的"可变回报"，还对被投资方拥有控制权，并可以使用该权力进一步影响"可变回报"。这是对"权"和"利"的最好注解。

但是，持股比例在51%以上，不一定能够实现控股。"实质重于形式"，如果投资方在实质上拥有对被投资单位的控制权，那么就可以达到控股；反之，则不是。

这里，给大家介绍一下股权生命九条线（如表2-2所示）。

表2-2　股权生命九条线

股权比例	拥有的权利	具体阐述
67%	绝对控制权线	拥有重大问题的决定权和完全控制权，其决策地位难以撼动
51%	相对控制权线	比50%更具有话语权，比67%的不可撼动稍弱
34%	安全控制权线	1/3，拥有一票否决权

第二章
股权合伙人之"四五六落地系统"

续表

股权比例	拥有的权利	具体阐述
30%	要约收购线	这是一个比较安全的控股比例,说明股东比较看好公司,如果继续看好,可以向全部股东或部分股东发出要约收购,达到控制目标公司的目的
20%	同业竞争警示线	股东如果拥有20%以上的股权,就能参与公司的经营决策,必须遵从规定,不可去同行业公司工作或者任职
10%	临时会议权线	可提出质询、调查、起诉、清算、解散公司
5%	重大股权变动警示线	《证券法》规定股权达到5%及以上,需披露权益变动书
3%	临时提案权线	单独或者合计持有公司3%以上股份的股东,可以在股东大会召开10日前提出临时提案并书面提交召集人
1%	代为诉讼权线	亦称派生诉讼权,拥有间接的调查和起诉权(提起监事会或董事会调查)

"股东控制权"是怎么回事

讲到这里,很多人也许会问,马云占阿里巴巴的股份很少,为什么还能掌握阿里巴巴的控制权呢?这里我们有必要了解一下"股东控制权"这个问题。

控制权是指拥有公司一定比例以上的股份,或通过协议方式能够对其实行实际控制的权力。即对公司的一切重大事项拥有实际上的决定权。理论上,如果拥有了公司50%以上的股份,就必然能对该公司实行控制。但实际上由于股份的分散,只要拥有一定比例以上的股份就能获得股东大会表决权的多数,即可取得控制地位。除了基于股权的占有取得控制权外,还可以通过订立某种特殊契约或协议而获得控制权。

控制权是公司治理理论的核心问题之一。一般而言,控制权是指对企业决策间接或直接的影响力，包括企业的长期战略决定、联盟、并购、解雇及日常管理等。企业的控制权是不可分割的整体，可以通过投票权、董事会席位、合约条款及清算权等不同方式实现对企业的管理。

股东对企业的控制权，一般体现在四个方面（如表2-3所示）。

表2-3 股东对企业的控制权

序号	股东对企业的控制权
1	通过协议拥有50%以上表决权
2	占据董事会多数表决权
3	有权任免董事会多数成员
4	有权决定财务和经营政策

以上四种情况，只要满足其中之一，就可以认定为股东具有控制权。

阿里巴巴采用自创的合伙人制度，由合伙人确定超过半数的董事。在阿里巴巴，修改以上条例需要95%以上的票数通过，因此理论上马云只需要5%就能控制公司。另外，马云是阿里巴巴的永久合伙人，永远不会被踢出阿里巴巴的董事会。

但是，从另一方面来说，过低的控制权极有可能引起外部举牌或者股东之间的权力之争，下面我们以汉商集团为例进行分析。

卓尔系是汉商集团的第二大股东，它持有汉商集团30%的股权。汉阳区国资办是汉商集团的第一大股

第二章
股权合伙人之"四五六落地系统"

东,持股比例为35.01%。当卓尔系的持股比例触及要约收购线,它通过二级市场进行溢价增持的时候,对汉阳区国资办来说,这是岌岌可危的。因为这直接关系到了汉阳区国资办对汉商集团的控制权问题,而这也成为双方矛盾的焦点,以及汉商集团出现动荡的根本原因。而持股比例不合理导致的公司控股权之争也再添经典案例,值得我们深思。

无论是上市公司还是非上市公司,掌握公司的控制权才是王道,如图2-9所示,从执行层、经营管理层、董事会、股东会四个方面出发,介绍了公司股东控制权的"四大权杖"。

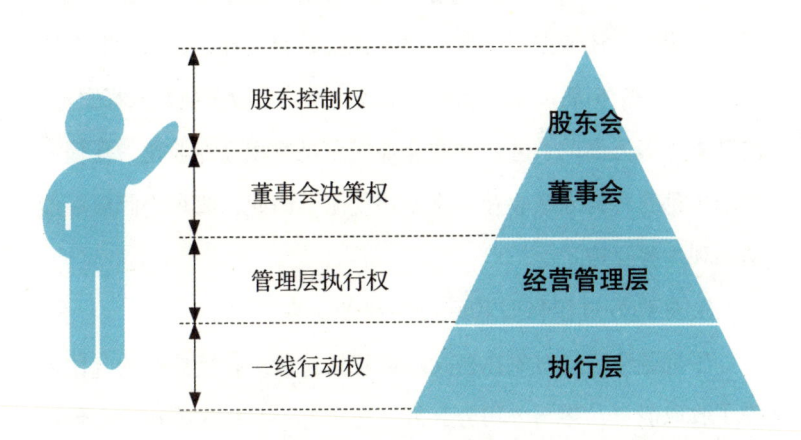

图2-9 股东控制权的"四大权杖"

如何做到安全控股

对于股权的权力分配问题，不同的企业有不同的操作模式，企业可以根据自身的需求和实际情况，来制定适合自己的股权架构，但有一些操作法则，是我们必须要遵守的。

1. 清晰明了

对于股权架构如此重要的问题，一定要清晰明了，不允许模棱两可，更不允许有互相矛盾的条款或分配。在初次实施股权激励时，股权的分配应尽量简单，通常都是老板绝对控股，再拿出一小部分股权分配出去。

2. 大股东之间优势互补

对于部分民营企业来说，在对企业进行股改时，往往会授予一些核心骨干成员较多的股份。这个时候不能仅仅考核业绩或者过往的贡献，还要考虑大股东之间优势是否互补，比如大股东中已经有了一个拓展市场的能手，那么其他的大股东最好选择财务、内部管理等方面的人才。现在企业经营已经相当专业化，任何一块短板都有可能导致企业未来发展受阻，因此，股东之间最好能够实现优势互补。

3. 处理好直接持股和间接持股的关系

尽量避免激励对象在公司层面直接持股。直接持股的合伙人除了收取股息，参与公司分红外，还享有一些相应的权力，包括参加股东会议、行使表决权、参与公司重大事宜的决策等。因此，这些直接持股的合伙人，一旦在未来与老板在企业发展的重大问题上产生分歧时，将有可能对老板掌控公司产生威胁。

第二章
股权合伙人之"四五六落地系统"

因此,我们建议企业在实施股权激励的时候,除了极少数企业元老和核心成员可以直接持股外,其他员工最好是通过持股平台或者老板代持等方式间接持股。

4. 同股不同权

什么是"同股不同权"呢?"同股不同权",又称"双层股权结构",是指资本结构中包含两类或多类不同投票权的普通股架构。同股不同权为"AB股结构",B类股一般由管理层持有,而管理层普遍为创始股东及其团队;A类股为外围股东持有,此类股东看好公司发展前景,因此甘愿牺牲一定的表决权作为入股筹码。

这种结构有利于成长型企业直接利用股权融资,保障此类成长型企业能够稳定发展。同时又能够避免股权过度稀释,造成创始团队丧失公司控制权。

这种"同股不同权"的模式,民营企业也可以借鉴,老板可以在授予股权的时候,与员工签订"同股不同权"协议,约定授予员工A类股权,只享有分红权,不享有表决权。

换句话说,在实际操作过程中,可以实施责、权、利可分离的股权。

责、权、利可分离的股权是什么意思呢?跟我们之前所讲的责、权、利不可分有什么差别,应该如何理解呢?

股权涉及权力和利益两个方面,责、权、利一致,主要是针对股权分配的利益而言,员工享受了股权带来的经济利益,就要承担相应的责任。

股权合伙人
Equity partner

责、权、利可分,主要是针对股权的权力而言的,例如对于大多数激励对象而言,在分配股权时,只授予经济方面的利益,不授予控制权和决策权(如图 2-10 所示)。

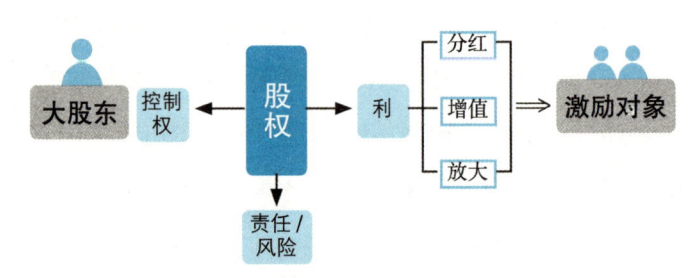

图 2-10 股权的责、权、利分离示意图

我们可以看到,企业在进行股权激励的时候,等于是把"利"和"权"分了一部分出去,因此对于被授予股权激励的员工,也一定要有相应的"责"的要求。这里所说的"责",不仅包括业绩上的要求,还包括风险共担等内容;这里的风险,包括出资部分损失的风险、得不到收益的风险,还可能会包括法律风险。这一点企业一定要和员工达成共识,避免后期产生不必要的纠纷。

第二章
股权合伙人之"四五六落地系统"

股权布局四：持股平台

持股平台在大公司的使用已十分普遍，大公司的管理层往往喜欢设置持股平台，而不是直接持股。很多老板旗下往往有多家企业，原因也许有很多，但其中一个很重要的原因就是为股权而服务的，目的是为设置持股平台提供便利（如图2-11所示）。

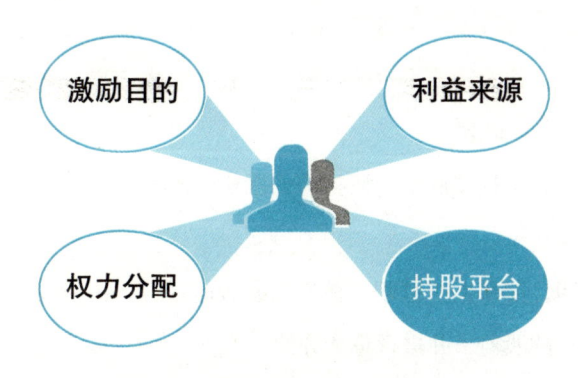

图2-11 股权布局四大要点之持股平台

接下来，我们将围绕以下问题展开探讨：

1. 什么是持股平台？
2. 员工持股平台有哪些形式？
3. 为什么要设置持股平台？
4. 对于不同员工，分别对应怎样的持股平台？
5. 设置持股平台会遇到哪些问题，如何解决？

什么是持股平台

所谓持股平台，其实是在股权激励过程中的一种操作模式，指的是以被激励员工为主要持股方，在主体公司之外搭建特殊目的公司，以实现间接持有主体公司股权的目的。

常见的持股平台有两种：一种是有限合伙企业；另一种是有着特殊目的的公司。这里我们需要注意以下几点：

第一，在持股平台中，员工个人并不直接拥有主体公司的股份，而是通过持股平台间接持股；

第二，作为持股平台的持股人，有一个大前提，就是必须是主体公司的正式员工；

第三，通过持股平台所持有的股份，不可以转让交易，也不可以继承；

第四，如果员工辞职、被辞退或者退休等，由持股平台收购其所持有的股份，并进行重新分配；

第五，员工不可直接参加主体公司的股东大会，应由持股平台选出代表参加；

第六，主体公司进行利益分红时，先由持股平台承接利益分配，再由持股平台根据员工的持股数量对利润进行二次分配。

持股平台的四种模式

在当今的市场环境下，持股平台的模式主要有以下四类：

1. 公司型员工持股平台

公司型持股平台，指的是由员工共同出资设立新公司（可以

第二章
股权合伙人之"四五六落地系统"

是有限责任公司,也可以是股份有限公司),实现受让原公司股份,让出资员工间接持有原公司股份。

新设立的持股平台,在注册资本方面并无最低限制,因此,对于员工来说,成立新公司实现间接持股,其成本是非常低的。

然而,公司型员工持股平台需要缴纳高额税费,税费主要来自两个方面:其一,持股平台需要缴纳25%的企业所得税,才能分配原公司的利润;其二,员工需要缴纳20%的个人所得税,才能从持股平台获取相应的利润。

2. 有限合伙型员工持股平台

有限合伙型员工持股平台,是指由员工共同出资设立的有限合伙企业。这是我国在2006年修订的《合伙企业法》中新确立的制度,也是目前在企业中较为常见的一种员工持股平台模式(如表2-4所示)。

表2-4 有限合伙型员工持股平台

类别	与新有限合伙企业关系	权益	责任
原公司	担任有限合伙企业普通的合伙人(GP)	对有限合伙企业享受控制权	执行新的有限合伙事务,承担管理和决策职能
员工	以有限合伙人(LP)身份参与合伙	仅享受利益	不参与有限合伙企业管理

有限合伙企业的合伙人有两种:普通合伙人和有限合伙人。普通合伙人也可以成为管理合伙人,由原公司担任,具有管理和决策的职能;而有限合伙人则由出资员工担任,他们享受利益,

却不参与企业的管理。在这种模式下，员工无法通过持股平台控制主体公司，主体公司的控制权得以保障。

3. 员工境外持股平台

进入境外资本市场上市的公司，要对境内公司的相关人员进行权益激励，需要以本公司的股票为标的，设立员工境外持股平台。其激励对象和激励方式如表2-5所示。

表2-5 员工境外持股平台

分类	具体描述
激励对象	与公司具有雇佣或劳务关系的个人，如境内公司的董事、监事、高级管理人员以及其他员工
激励方式	员工持股计划、股票期权计划等

因为涉及我国的外汇管制，所以员工境外持股平台这种合伙模式操作起来比较复杂。当出现纠纷的时候，员工的利益是很难得到保障的。

4. 员工持股信托

员工持股信托，是指将员工买入的本公司股票委托给信托机构管理和运用，退休后享受信托收益的信托安排。

交给信托机构的信托资金有两部分来源：其一是员工的工资；其二是企业以奖金的形式资助员工购买的本公司的股票。

在这种模式下，员工可以用工资或者奖金购买本公司股票，并设立专门的"员工持股会"管理这部分股票，等到员工退休或者离开本公司时则可以获取投资收益。

第二章
股权合伙人之"四五六落地系统"

为什么要设置持股平台

那么,为什么要设置持股平台呢?主要有如表2-6所示的原因。

表2-6 设置持股平台的原因

序号	设置持股平台的原因
1	有利于高效决策
2	有利于处理激励对象人数较多的问题
3	有利于控制目标公司
4	有利于融资
5	便于管理

1. 有利于公司决策

一方面,传统的股权激励手段需要召开股东大会,而股东大会的召开流程是非常复杂的,要一一通知每一位股东。如果有一位股东没有到场,所形成的股东会议其效力是有缺憾的。另一方面,假设有员工退出,则需要进行工商变更登记,公司需要股东签字,这个流程非常复杂,使得决策效率十分低下。在这两种情况下,通过设置持股平台,就可以大大提高办事效率。

2. 有利于激励更多员工

一般需要建立持股平台的企业,员工数量都较多,但公司法对于员工直接持股的人数有着严格的限制,例如有限责任公司的股东人数不得超过50人。公司通过设立多个持股平台,就可以方便地激励更多的员工。

3. 有利于控制目标公司

对于有限合伙型员工持股平台来说，有限合伙人只出资并享有分红权，但不参与企业管理。而普通合伙人不出资，但需要承担公司的经营和决策，这样就可以充分保障主体公司的控制权，有利于目标公司的控制。

4. 有利于融资

主体公司通过设立有限合伙企业作为持股平台，这其实是公司预留了期权池。期权池可以吸引和激励人才，也有利于吸引投资人前来投资。在这种模式下，投资人的股权不会被稀释。

5. 便于管理

当员工离职时，他们只需要在持股平台办理相关手续即可，免去了到工商局变更登记的麻烦。而且通过在持股平台解决员工离职的问题，不会牵扯到主体公司，有利于主体公司股权结构的稳定。

不同员工对应的持股平台

持股平台其实是一种股权布局，它有利于减少企业内部的纷争和矛盾。这种股权布局从根本上来说，是老板对企业的一种结构规划。人才是企业的重要组成部分，股权布局解决的就是在不同阶段人性的问题。

依据职业发展过程，从"人性"角度可以将员工分为四种不同类型（如表2-7所示）。

第二章
股权合伙人之"四五六落地系统"

表 2-7　四种不同类型的员工

"人性"角度下的员工类型	特点
看好工作的人	一般是刚毕业的大学生
看好自己的人	有着很强的工作能力
看好公司的人	认为公司有较好的发展前景
看好老板的人	欣赏老板，相信老板，如马云的"十八罗汉"

一般来说，在企业发展过程中，共有三类业务，分别是起家业务、战略性业务和机会性业务。这三类业务又分别对应三种形式的公司：控股公司、主体公司和分/子公司。控股公司则是通过层层控股实现对企业的管控。

股权布局是对企业的三类业务和布局，企业需要布局持股平台，多层次持股（如图2-12所示）。

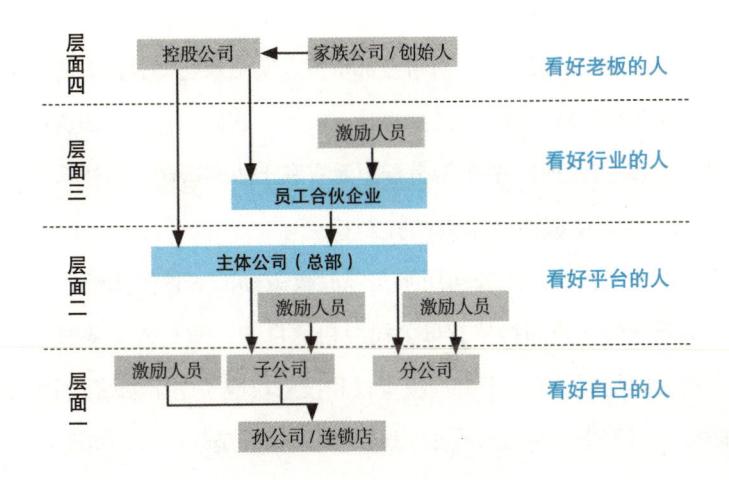

图 2-12　持股平台多层次持股

伴随着企业的不断发展，员工分类的"人性"角度也会不断变化。因此，企业应该建立多平台的股权架构，按照员工的类型将其放置在相应的持股平台中。

持股平台的常见问题

1. 如何避免激励后各事业部抢夺总部资源

我的一个客户，他的企业下设多个产品事业部，但共用一个生产基地。客户打算对下设的营销事业部实施股权激励，但是又担心实施股权激励后，各事业部为了生产基地的资源闹得不可开交。

那么，应该如何避免实施股权激励后各事业部抢夺总部资源呢？

我们给出的建议是：对事业部负责人实施双层持股，负责人在事业部持有股份，同时在总部也持有股份。这样，各事业部负责人都在总部持有股份，在资源分配上就有利于协调运作，弥补不足。

2. 如何掌握持股平台的控制权

持股平台既然是公司用来实施股权激励的一种操作模式，用以实现激励对象间接持有母公司股权的目的，那么为了掌握持股平台的控制权，持股平台的决策权和投票权应集中于创始人手中，即母公司手中。持股平台的法定代表人一般是创始人，员工作为股东其投票权也应委托给创始人。

第二章
股权合伙人之"四五六落地系统"

3. 员工退出时股份应如何处理

员工持股平台必然会有股东和合伙人的流入和流出,那么当股东或合伙人退出时,他们的股份应该如何处理呢?

员工拥有股份的前提是其本人是公司的员工,以防范非法集资的风险。既然选择退出,那么离职员工的股份必须留下,"人在股在,人走股收"。在制定持股平台章程和协议时,应该明确规定,作为这个平台原有的员工,应该放弃对该部分股权份额的优先购买权。离职员工的份额可以由大股东代持,然后再转让给新进入的股东。

综上所述,我们已从公司整体发展层面,对实施股权合伙人制度的布局问题进行了详细讲解,作为股权落地系统的基础环节,其重要性不言而喻。

股权合伙人
Equity partner

股权合伙的五大原则

在上一节中，我们主要分享了如何从战略层面去实施股权布局的问题。合理的股权布局，不仅关系股权合伙的效果，也关系到企业的长治久安。但是仅有正确的布局远远不够，还要制定合理的激励方案。即便构思如何美好，布局如何精妙，一旦实操方案中的任何一个环节出现问题，都会影响到激励的效果，甚至起到反作用。

股权既是投资人按比例享有的对企业法人或合伙企业的权益，也是一种稀缺资源，还是公司发展与治理的重要工具。股权激励是企业股权架构的重要环节，因此股权激励一定是一项系统工程，每一个环节都要尽量科学、合理。

本节，我们将从实操层面来探讨股权激励的五大原则，即定股、择人、设时、计价、配量。

定股：即选定用来实施股权激励的种类。股权的种类可以说是五花八门，包括实股、干股、虚拟股、期权、增值权等，这些不同种类的股权到底有哪些差别？到底哪一种或者哪几种股权组合最适合你的企业？在实施股权激励的时候，定股是个大动作。

第二章
股权合伙人之"四五六落地系统"

要科学、合理地定股,首先要了解相关的知识。

择人:即选定股权合伙对象。到底应该把哪些人列入激励范围?是不是只要愿意出资购买,就都可以激励?择人需要有考核措施吗?老员工都应该激励吗?择人时,到底是能力更重要还是意愿更重要?择人时是否要有相关限定措施,刚激励完人就跑了怎么办?择人是股权合伙中非常重要的一环,因为股权激励的目的就是要发挥人的积极性和能动性,人一旦选错,股权激励的效果必定大打折扣,甚至还会出现"得不偿失"的情况。

设时:即选定在企业发展至什么阶段实施股权激励。企业在什么阶段实施股权激励更好?股权的年限怎样设置?股权的发放和兑现有时间限定吗?兑现太早,员工失去动力甚至离职;兑现太晚,员工则会出现信任危机,直接影响工作积极性,怎样定时,才可以做到价值最大化,风险最小化?定时有哪些必须注意的关键因素……这些都是企业在实施股权激励时必须考虑的问题。

计价:即为股权定价。股权是有价格的吗?非上市企业如何给股权定价?如何估值?如何让员工相信股权的价值?针对做出不同贡献的员工,在股权定价的时候可以采取哪些优惠措施以增强员工的积极性?股权定价是个很矛盾的事情,定低了,企业会遭受损失;定高了,员工又不买账。如何定价,可以让企业和员工都满意,最后实现双赢?

配量:即确定用于激励员工的股权量。股权到底应该分出去多少,可以既不影响企业的控制权又能实现激励效果最大化?总量和个量在设计的时候有什么标准吗?预留股权在数量上应该如何设计？做出不同贡献的员工，在数量上如何分配才算公平合理？如何配量才能做到让大家都满意？配量优先照顾忠诚的员工还是业绩好的员工？配量是一个非常重要的维度，不仅关系到企业的利益，也关系到激励的效果，处理不当就会引发内部矛盾。科学、合理的配量是每一个企业家都需要认真学习的。

综上所述，股权合伙是一门大学问。股权不仅要敢分，更要会分，接下来我们一起探讨如何科学地、智慧地实施分股。

定股：从需求层次打好股权激励组合拳

定股是股权激励组合拳的第一步，它像定海神针，定股定天下（如图2-13所示）。

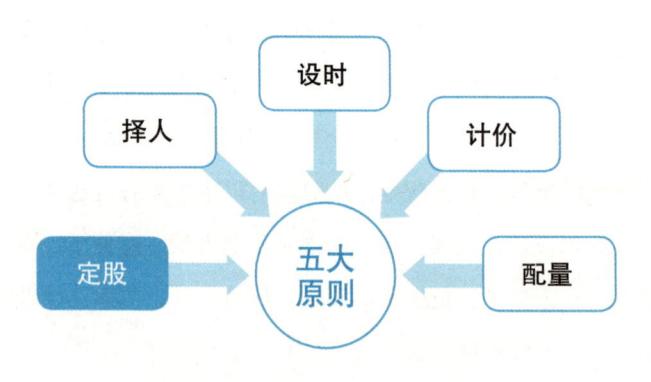

图2-13　股权合伙五大原则之定股

曾经有一家创业公司邀请一位技术"大牛"以

第二章
股权合伙人之"四五六落地系统"

CTO（首席技术官）的身份入职公司，承诺免费给予其15%的股权。

该员工起初很高兴，后来听业内的朋友一番解释之后，却吓了一跳。原来公司注册资本达10亿元，公司创始人是认缴出资。因此，当创始人决定把15%的股份转让给他时，相当于把15%股权对应的1.5亿元出资义务也一并转让给了他。假如他要拿到这15%的股权，这个代价无疑是十分巨大的。

我们经常会听到关于股权的各种说法：虚拟股、干股、期股、期权、实股……但是对这些名目繁多的股权，却很少有人能说清它们之间的区别。

不同的股权对应着不同的权利和义务，其中可能还涉及一些法律性的规定。因此，在实施股权激励之前，我们有必要对股权的种类做一个大致的了解，这样才能根据企业的具体需要选择合适的股权进行激励。在本节中，我们会通过以下几个问题对如何定股做出全面阐述：

- 股权激励有哪些种类，各有什么特点？
- 不同类型的股权之间有什么差别？
- 不同种类的股权激励，适用于哪些企业和激励对象？
- 不同类型的股权可以组合使用吗？

股权激励的种类和特点

常见的股权激励类型包括虚拟股、干股、期股、期权、实股等。

我们前面已经讲过，股权涉及两方面的内容：一方面是权益，包括分红、增值和溢价；另一方面是权力，包括企业控制权、决策权等。这些不同种类的股权到底享有哪些权益和权力呢？

1. 什么是虚拟股

虚拟股是指公司授予激励对象一种虚拟的股票，激励对象可以据此享受一定数量的分红权和股价升值收益，但没有所有权、表决权，不能转让和出售，在离开企业时自动失效。

2021年3月31日华为发布2020年年度报告称，华为2020年实现全球销售收入8914亿元，同比增长3.8%，净利润646亿元，同比增长3.2%。

华为是一家由中国人百分百持股的民营企业，因为员工持股机制的复杂演变，华为员工持股具体情况一直是个秘密，但是有一点是可以确定的：华为公司绝大部分股票（约99%）由8万多名员工通过工会持有，其创始人任正非持股比例只有1%左右。

很多人不解，华为创始人任正非究竟是如何依靠1%的股份建立起了华为？究其原因，就不得不提到他运用得出神入化的"神功"——虚拟股。说到这里，需要重点提一下华为股权架构中一个非常特殊的"股东"，它叫作工会委员会。

第二章
股权合伙人之"四五六落地系统"

1997年华为技术公司改制，华为的股权结构变更为：华为技术有限公司工会委员会持股61.86%+华为新技术公司工会持股33.09%+华为新技术公司持股5.05%。"工会持股"的概念首次被大家所了解。

"工会持股"在刚出现的时候，不为华为以外的任何人所了解。但是随着华为在公众眼中的形象越来越清晰，这个神秘的工会委员会在世人面前慢慢揭开了面纱。

现在我们都知道，华为的工会委员会代表华为的8万多员工持股，那么华为技术公司的员工手里持有的股权到底是不是完整的股权呢？

按照《深圳市公司内部员工持股规定》（2001年1月11日深府〔2001〕8号）中的相关规定，职工持股会仅仅在名义上登记为持股主体，而真实的股权所有人是员工。但是，员工并不以自己的意志来独立行使股权，而是必须通过职工持股会；同时在员工离职等情况下，股权不能随身带走，必须强制回购。也就是说，员工是股东，但是不享有完整的股权；职工持股会直接行使股东权利，包括表决权。

在2001年，华为技术公司推出员工持股计划，建立虚拟受限股制度。按照这个计划，员工持有的股权均为虚拟股，员工对股权只享有分红权而没有所有权，同时也没有表决权。

至此，我们已经大概了解了其中的玄机：任正非虽然只持有公司1%的股份，但是华为公司的控制权依旧牢牢地掌握在他手里。

华为的这个经典案例，既对"什么是虚拟股"做出了详尽地阐述，也清楚地说明了虚拟股的两大作用——激励员工和为决策人控制公司提供保障。

2. 什么是干股

干股是指不需要创始人实际出资，不承担公司经营风险，仅仅拥有分红权的股份。它一般用作公司发起人的酬劳，有时也用于赠送职工或某些有资源的人。

干股具有一定的有效期，有效期为员工在岗期间内。在这段时间里，股东可享有分红的权益，一旦员工离岗，这种权益便随之失效。

一般情况下，干股分红周期为一年一次，分两次发放，先发放70%，半年之后再发放剩下的30%。

3. 什么是期股

期股是企业所有者向经营者提供激励的一种报酬制度，其实行的前提条件是公司制企业的经营者必须购买本企业的相应股份。

在授予经营者期权的过程中，一般会有一个考察期，时间是6~12个月。在此期间，如果经营者满足考察的条件，就可以被授予期股，但此过程要持续2~3年，这是为了避免一次性给错的情况发生。在授予期股之后，就进入了锁定期，时间同样是2~3年，在此期间股东只享有分红权。期满之后，期股进入解锁期，时间为三年。此时股东有三种选择：兑现、继续持有、转化成实股。

总体来说，期股股权整个持股期为5~6年。

4. 什么是期权

期权是指一种合约，该合约赋予持有人在某一特定日期或该

第二章
股权合伙人之"四五六落地系统"

日期之前的任何时间以固定价格购进或售出一种资产的权利。

微软是"低工资高股份"的典范。在微软，员工的薪水非常低，其收入主要依赖于股票升值。因此，微软员工所持有的股权比例高于其他上市公司。

微软公司是第一家使用股票期权激励员工的公司，也是世界上最大的股票期权使用者。微软公司为董事、管理人员和雇员订立了股票期权计划，并且基本上每隔两年为员工发放一次股票期权。

在微软，职员可以拥有公司的股份，并可享受15%的优惠，公司还给任职一年的正式雇员一定的股票买卖特权。一名员工工作18个月后，可以行使该次认股权中的25%认购股票，在此后每6个月可以获得12.5%的股票，10年内的任何时间均可以全部兑现该次认购权。

与期股不同，期权通常是一次性授予，之后经历两个阶段：等待期和行权期。员工出资是在行权开始之后，按照约定价格出资购买股份。

5. 什么是实股

实股是指公司股东实际出资购买到的股权，经过工商注册，受法律保护。实股股东享有企业控制权、所有权、分红权和增值权，同时实股股东如果想要退出，流程通常会十分烦琐。

股权合伙人

Equity partner

实股是股权激励最后的手段,在授予实股时,公司原有股东可以通过转让的方式,将股权授予新加入的股东;也可以通过增资扩股的方式,使员工获得较高价值的股权。

实股股东可以获得的责任、权力和收益远远高于虚拟股、期权和期股,图2-14对实股股东的责、权、利进行了比较全面的阐释。

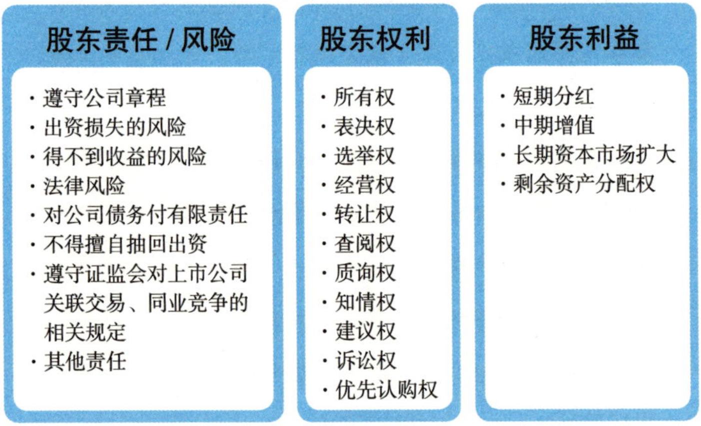

股东责任/风险	股东权利	股东利益
·遵守公司章程 ·出资损失的风险 ·得不到收益的风险 ·法律风险 ·对公司债务付有限责任 ·不得擅自抽回出资 ·遵守证监会对上市公司关联交易、同业竞争的相关规定 ·其他责任	·所有权 ·表决权 ·选举权 ·经营权 ·转让权 ·查阅权 ·质询权 ·知情权 ·建议权 ·诉讼权 ·优先认购权	·短期分红 ·中期增值 ·长期资本市场扩大 ·剩余资产分配权

图 2-14 实股责、权、利示意图

不同种类股权激励的差别

目前,各类企业使用最多的就是虚拟股、干股、期权、期股、实股这五种形式,他们之间有什么区别呢?如表2-8所示:

五种股权类型中,实股所享受的权利最大,但是相应地,它的退出机制也最复杂。虚拟股、期股都只享有分红权和增值权,而不享有公司的决策权。干股只享有公司的分红权,期权则只享

第二章
股权合伙人之"四五六落地系统"

有股份的增值权。

表 2-8 五种股权类型的区别

激励工具	分红	增值	决策权	退出
虚拟股	√	√		简单
期股	√	√		较复杂
期权		√		简单
实股	√	√	√	复杂
干股	√			简单

常用的企业股权激励"组合拳"

除了上述几种基本模式,企业在股权激励计划实际操作过程中,还可以采取"组合拳"的模式。

组合的方式有很多,一般是在一种股权激励模式中对授予价格、数量、时间、支付方式、行权条件等关键环节加以创新。下面简单介绍一些我们辅导过的实际案例。

1. 有保证金的干股激励模式

在传统的餐饮、娱乐行业中,干股是最常用的一种激励模式。公司会根据当月效益的多少给予部分核心员工或全体员工分红,一般不需要员工自己出资购买。

但是在调研的过程中我们发现,"收取保证金并发放干股分红"要比"免费发放干股分红"的效果好得多。收取保证金后,员工就会有"我花钱投入到这个公司了,这个公司是我的"的体验,因此,其激励效果要比没有抵押金的效果好得多,一般建议将 2～3 个月的薪酬设为保证金的最高限额。

但是，这种保证金并不适用于所有行业或者有特殊背景的公司，同时也会出现员工抵触保证金的情况。

2."股权、业绩和人才培养"相挂钩的激励模式

采用期股、期权方式授予激励对象一定股权，但期股、期权是必须约定要有一定的业绩目标的，除了业绩目标之外，还可以特别约定储备人才培养等条件，如培养出多少位符合公司要求的、什么级别的人才。一个是硬指标，是业绩；另一个是软指标，是人才培养。

我们曾经辅导过一家连锁公司，老板在第一次实施股权激励的时候，股权只和员工的业绩挂钩，后来发现老员工能力很强，短期内业绩爆发式增长，个个变成"侠客"，但是公司在业绩猛增之后，很快发现人才培养出现断层，没有更多合格的人才可用。所以在第二次实施股权激励的时候，除了硬指标之外，又增加了软指标，培养区域经理及店长、培养新店店长及店助指标的要求，并在企业内部专门成立了负责内部人才培养的商学院。之后，该公司迅速步入了发展的快车道，无论是公司业绩还是人才梯队建设都卓有成效，发展势头蒸蒸日上。

因此，正如我在《绩效合伙人》一书中说的那样，公司实施

第二章
股权合伙人之"四五六落地系统"

股权激励计划必须要与公司的实际情况相挂钩,同时将股权激励计划置于公司长远发展的框架之中。

3. 适用于集团化公司的激励模式——虚股和实股相结合

大型集团公司进行股权激励必须要解决以下两个问题:

第一个问题是如何有效地激励子公司的管理层,让他们的利益和各子公司的长期利益紧密地捆绑起来。对集团公司来说,总部是管控中心,子公司是成本中心和利润中心,所以内部员工股权激励的重点在子公司。

第二个问题是如何让子公司感受到自身与集团的利益是一致的。对于任何一家集团公司来说,在某些时候,子公司和集团总部是存在利益冲突的,过分强调和追逐子公司的利益,可能会损害集团总部的利益。

既要实现总公司的利益,又要兼顾子公司的利益,我们给出的解决方案是:采用虚股和实股相结合的股权激励方案。一方面,用"按揭购股"的方式实现各层级公司对高管层的激励和约束;另一方面,集团公司在保证对子公司拥有完全控制权的基础上,要求子公司的总经理同时持有集团公司或控股公司的股份。这样,就使得集团内每个公司的决策层在决策时必须同时兼顾所在公司的利益和集团公司的利益。

择人:股权激励是融人,而非融资

人比钱重要,所以股权激励组合拳的第二大原则是择人,选对人才能成大事（如图2-15所示）。

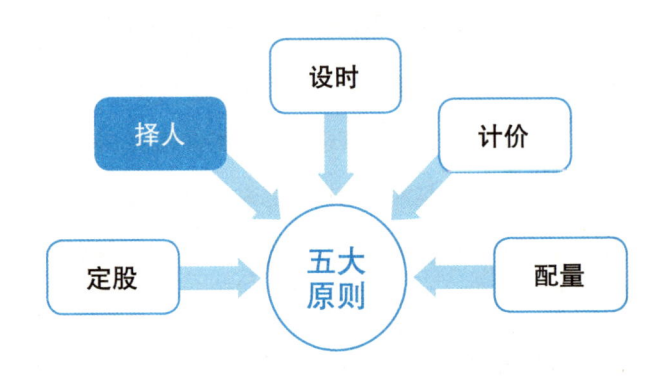

图2-15 股权合伙五大原则之择人

在进行咨询服务的过程中，经常有老板问我："我们公司想实施股权激励，但是不知道股权到底该分给谁，怎么分才能服众呢？"

其实，与众多外企相比，中国企业尤其是中小民营企业，很多暂时还没有一套成熟的绩效管理系统，因此在择人的时候，如何做到有标准、有原则，让员工感到公正客观，是一个急需解决的难题。另外，中国是个"人情"社会，民营企业在推动股权分配的时候难免要将"人情世故"考虑在内。既要实施股权激励，又不能照搬照抄外企的成功模式。现阶段，中国仍处在股权模式的探索之中，很多民营企业寻找外部机构来设计股权，最后却弄得漏洞重重，矛盾重重。我认为，要想将股权激励顺利推行下去，必须要将激励对象是谁、有哪些激励原则、如何安抚没有获得激

第二章
股权合伙人之"四五六落地系统"

励的员工等问题考虑清楚,具体包括以下几点:

- 什么人可以买?
- 老员工是不是都要进行激励?
- 是激励更多的人还是激励更少的人?
- 择人有哪些基本原则?
- 择人的具体维度有哪些?
- 如何安抚没有享受到激励的员工?

什么人可以买

很多民营企业在实施股权激励的时候,由于企业规模还比较小,当前股权价值较低,因此很多员工不愿意购买。在这种情况下,为了让更多的人出资购买,企业将准入门槛设置得很低,基本上是白菜价出售。这样的操作方法,看起来很容易就把股权分出去了,企业也募集到了一些资金,但从长远来看,是有害无益的。不合格的人分到了股权,对企业的未来发展肯定是一个隐患。没有任何认购门槛,也会给员工一种"股权不值钱,企业没未来"的感觉。另外,无差别的激励就等于是福利,也起不到任何激励员工的作用。

股权激励一定要设置准入门槛,只有符合一定条件的人,才可以被纳入激励对象。哪怕公司再小,当前的盈利再少,在分配股权时也要设置相关门槛。作为一个老板,你要相信公司的价值,股权的价值。只有说服自己,才能说服员工,股权激励才能取得最好的效果。

老员工是不是都应该激励

我在给一家企业做辅导的时候,曾经有一位老板向我咨询了一个问题:是不是所有的老员工都应该获得激励?

在实施股权激励时,如何对老员工进行激励是让很多老板头痛的一件事。有些老员工在公司工作多年,业绩却不及新员工。给予激励吧,其他人会觉得不公平;但是不进行激励,他们就会说你没有人情味。

我认为,企业的经营管理者必须明白一点:股权是面对未来的激励,激励对象应主要考虑当下岗位价值贡献更大及在未来对公司战略规划具备较强影响力的员工,绝不能搞"平均主义"。

激励更多的人还是激励更少的人

新三板股权激励研究报告中曾有这样一组数据,在有效统计的152家实施股权激励的企业中,相应的激励人数如表2-9所示。

那么在实际操作过程中,到底是激励更多的人好,还是激励更少的人好?

这涉及股权激励的两种模式:开放型和特定型。

第二章
股权合伙人之"四五六落地系统"

表 2-9　股权激励人数数据

激励人数（人）	企业数（家）
<10	45
11~35	82
36~100	23
>100	2

1. 开放型

我曾辅导过一家销售型公司,他们的激励对象的确定方式如图 2-16 所示。

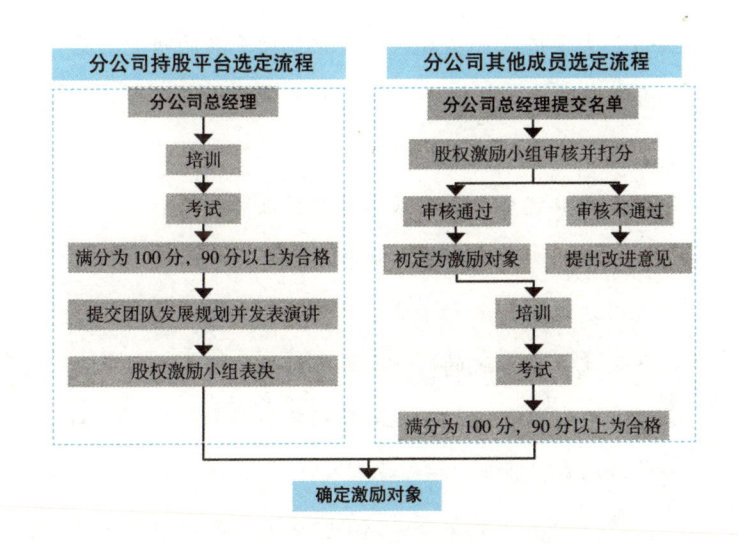

图 2-16　某销售型公司股权激励对象的确定方式

对于销售型公司而言,销售为公司的立足之本。要想获得稳定长远的发展，留住销售型人才是关键。但是销售是流动性非常强的岗位，因此，销售型公司一般都采取广撒网的方式培养人才。

开放型的选拔方案，能够通过股权激励实现公司平台化运作，让员工成为合伙人，同时吸引更多的人才加盟。

2. 特定型

对处在初创期或技术型的企业来说，开放式的激励方式成本很高，因此，他们在选择激励对象时往往会选择部分关键人才进行激励。

我的一个客户曾在上海创办了一家电子科技有限公司，主要进行一些现代智能化系列产品的研究、开发和生产。

现在他正带领团队研发一款新的智能系统。对该系统的产品优势和所需成本进行详细分析之后，公司计划未来两年内在全国各地推广该产品，所以他们希望能够通过股权激励来调动员工的积极性和能动性，以尽快完成新系统的研究和开发。由于他的公司是初创企业，所以将股权激励对象确定为两种：其一，高级管理人员；其二，核心技术人员。

这是一家初创型公司，不存在老员工、新员工之分，其股权激励的目的就是激发在职人员的工作热情。管理层相对来说对企业的贡献更大，所以将总监级以上管理人员确定为激励对象是合理的。该企业是一家

第二章
股权合伙人之"四五六落地系统"

以技术为核心的电子科技公司,公司又正处于新产品和新技术的研发期间,所以企业选择将研发专家列入其激励对象也是合理的。

可见,开放型激励的范围更广,可能激励的员工会稍多一些。而特定型则侧重于定向激励,激励的范围略窄,侧重于小范围激励,人数较少。

比人数更主要的是受激励员工的比例问题。一般来说,供参考的比例数量为5%~20%。当然,还要根据不同的行业、公司不同的发展阶段、实际经营情况来决定,这里没有绝对的标准。

择人有哪些基本原则

择人的五项基本原则如下:

1. 公平公正原则:所谓公平公正,是指在进行股权激励时,要做到以客观评价为基础,对所有员工一视同仁。

2. 不可替代性原则:不可替代性,指的是员工不但在本单位能力突出、不可替代,而且在市场中也有着较强的竞争力。对这些人实行股权激励,可以在留住核心人才的同时,激发其创造力和潜能。

3. 未来贡献原则:在激励员工时,要充分考虑员工在未来可能为公司做出的贡献。因为股权激励与发放奖金不同,发放奖金主要是依据过去员工对于公司的贡献,而股权激励则是激励员工未来为公司进一步做出贡献。

4. 先对岗、再对人原则：股权激励是针对某个岗位设计的，并非针对某个人或者某些人，如果被激励对象选择离职，则其持有的股权应该收回或者转让给新的被激励对象。

5. 惠及各层级原则：在实施股权激励时，应充分考虑不同层级的利益，不得只针对中高层进行激励。很多民营企业在实施股权激励的时候，对中高层的激励较多，而对基层的激励很少。之所以这样分配，主要是因为很多老板认为基层员工的工作内容简单，可替代性强，且人员流动性较大，因此，不愿意向基层员工出让股权。但是西贝莜面村的成功案例充分说明，基层员工的工作对企业的影响同样是巨大的。

正如我在上一本书《绩效合伙人》中所讲的：让每一个岗位都成为企业的发动机。每个岗位都需要激励，企业在进行股权分配的时候，只有充分照顾到各个层级的责、权、利，才是最佳的分配方式。

择人的具体维度有哪些

那么，应该如何确定股权激励对象的范围呢？我们可以从以下几个维度来考虑（如表2-10所示）。

表2-10 确定股权激励的范围对象

维度	考虑因素
对企业的贡献	包括已经做出的贡献和未来可能做出的贡献
员工的工龄	对老员工进行安抚，对青年员工进行激励

第二章
股权合伙人之"四五六落地系统"

续表

维度	考虑因素
员工的层级以及工作的技术含量	董事、监事、高级管理人员、核心技术（业务）人员等核心技术人才和管理骨干
企业的现状	初创型企业的激励对象范围相对更小，成熟企业的激励对象范围相对更大；在产品研发期应当更加重视技术人员的贡献

1. 对企业的贡献：包括已经做出的贡献和未来可能做出的贡献。对于企业而言，实施股权激励是看好激励对象未来能为公司带来更多的利益。因此，在确定人选时，最重要的就是被激励员工的能力。

2. 员工的工龄：对老员工进行安抚，对青年员工进行激励。如果在选拔激励对象时完全不考虑老员工对公司的忠诚度，就很有可能造成公司人心浮动，人人自危。因此，在实施股权激励时，也要考虑到安抚老员工的问题。对于新员工，则要给予他们更广阔的成长空间。

3. 员工的层级以及工作的技术含量：要考虑对董事、监事、高级管理人员、核心技术（业务）人员等核心技术人才和管理骨干的激励。一家优秀的企业，必然需要能够事事都站在公司角度考虑的管理层，他们是公司的掌舵人。对管理层和核心人才实施有效的股权激励，对企业发展有着决定性的作用。

4. 企业的现状：初创型企业的激励对象范围相对更小，而成熟企业的激励对象范围相对更大；在产品研发期应当更加重视技术人员的贡献。选择股权激励对象，一定要结合企业的现状进行分析。对初创企业，选择适合公司的激励人群，能够为公司节省大量成本；对成熟企业，能够最大限度地为公司输入人才。不同的企业发展阶段适合不同的激励方案，不能一概而论。

表 2-11 为某企业激励对象入选条件，可以供大家参考。

表 2-11 某公司激励对象入选条件

指标	释义
劳动关系	与公司（含分子公司）正式签署《劳动合同》
工作时间	在公司工作三年以上（若员工中途离职，以最近一次加入公司的时间为准）
品德	对企业忠诚、认同企业价值观、吃苦耐劳、任劳任怨
意愿	同意本计划相关配置法律文件
保密意识	承诺不向他人透露本计划及与本计划相关信息，如若违反，愿意赔偿由此给企业造成的损失并承担相应法律责任
业绩	销售类岗位年度月均业绩促成率不得低于95%，职能岗位上一年度个人考核等级在B以上
专注条件	不得对外投资与公司现有业务相同或类似的业务，不得在外兼职

如何安抚没有享受到股权激励的员工

最大的激励一定是激励未来，让大家有充分发挥想象的空间。

通常来说，有三种比较普遍的解决方案：第一，设置绩效激励机制。第二，公布第二批次股权激励计划，将某些员工纳入下一批次激励对象的范围。这样对已经拿到股权的人来说是一种荣誉感，对没有获得激励的对象来说也会激发他们的进取心。第三，动态型的激励模式。如果暂时没有达到公司兑现股权的绩效考核标准，也有可能会退出股权激励计划，并让那些达到绩效考核标

第二章
股权合伙人之"四五六落地系统"

准、首批没有拿到股权激励的人替补上来。

所以,正如我在上一本书《绩效合伙人》中提及的那样,股权激励计划一定要与公司整体的发展规划以及发展阶段想配合,其激励范围、覆盖人群等必须进行统筹管理和设计,切忌盲目冒进,不顾实际情况推进股权激励计划。

设时:时间价值与降低风险兼得

股权激励计划是一项长期的员工激励制度,由不同的时间点组成(如图 2-17 所示)。只有巧妙地设计这些时间点,才能使股权激励效果达到最佳,它既可以使企业得到长期回报,也能使员工得到相应的激励。

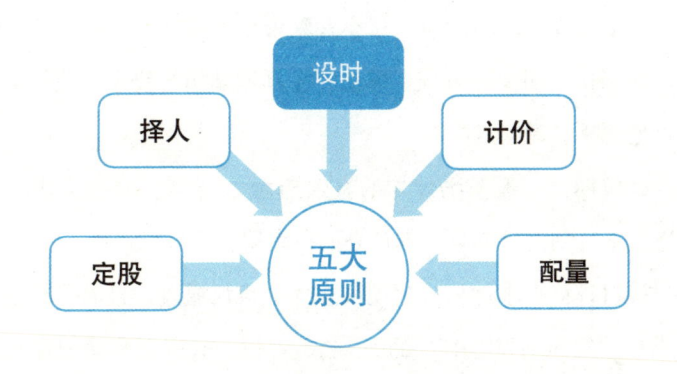

图 2-17 股权合伙五大原则之设时

股权激励的成败在很大程度受时间的影响,例如:给予员工回报的时间太短,可能会造成员工离职或者收入大于贡献,企业不堪重负;给予员工回报的周期过长,员工又会感觉获得激励的希望渺茫,积极性受到很大的打击。可见,股权激励中的"设时"也很关键。

在"设时"的问题上,大家的困惑主要包括以下几个方面:

- 股权激励涉及哪些时间点?
- 影响股权设时的主要因素有哪些?
- 股权激励的合理时机是什么?

下面,我们将围绕上述问题展开探讨。

股权激励涉及哪些时间点

确定股权激励时间点对于企业来说至关重要。只有确定好时间,才能让一切变得可控。那么,在具体操作过程中,我们应该重点把握哪些时间点呢?

有效期:一般激励计划的有效期为2~5年,自股东大会审议通过本计划之日起算,本计划的存续期满后自行终止。

授权日:在本计划报公司股东大会审议通过,且满足授予条件成立后的30日内由公司董事会确定授予日并对激励对象进行授予,并完成登记、公告等相关程序。

等待期:等待期为授权日到首次可以行权日之间的间隔。

窗口期:在期权成熟后,即可以行权。行权窗口期即激励对

第二章
股权合伙人之"四五六落地系统"

象可以在这个时间段内行权。

锁定期:即在授予后进行锁定,达到时间或业绩指标即可解锁部分股权。

禁售期:在股权归属激励对象后,设置一定的禁售期,留住激励对象,稳定团队成员。

下面,以我曾经辅导过的一家企业为例,他们的股权激励时间节点设计如表 2-12 所示。

表 2-12 股权激励时间节点

时间节点	具体描述
有效期	4 年
授权日	股东大会通过满足条件的股权计划之后的 30 天内,由董事会确定授权日
等待期	授权日到第一个行权日之间的时间间隔
窗口期	股票上市之日后的第 13 个月、第 25 个月、第 37 个月
锁定期	上市后解锁期后第一年可解锁 50%,满两年时解锁另外 50%
禁售期	任职期间,转让股份每年不得超过其所持有本公司股份总数的 25% 离职后 6 个月内,不得转让其所持有的本公司股份;申报离任后的 12 个月内,出售本公司股份比例不得超过其所持公司股份总数的 50%

影响股权设时的主要因素有哪些

在进行股权设时的时候,我们需要综合考虑多方面因素。影响股权设时的因素主要有五个,分别为战略规划期、员工心理预期、工作性质、行业特征和法律法规(如图 2-18 所示)。

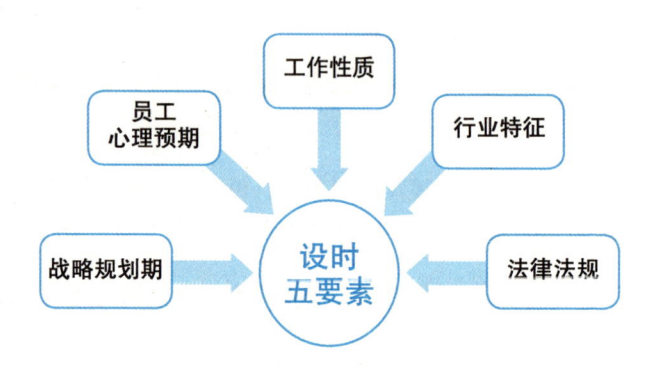

图 2-18　设时五要素

1. 战略规划期

股权是一种支撑企业战略实现的激励工具。因此，股权激励时间点的确定必须与其战略周期相一致。

2. 员工心理预期

解决员工的后顾之忧，使其能够发挥最大潜能投入到工作中，这是股权激励的重要目的。因此，在进行股权激励时，要充分考虑到员工的心理预期。激励周期过长，会使员工产生倦怠心理，难以激起他们的参与欲望；激励周期过短，又容易引起投机心理。

3. 工作性质

在某些岗位，呈现工作成果需要一个过程，因而在推动股权激励时还要考虑到员工的岗位性质。

4. 行业特征

有些行业，因其行业特性，公司实现盈利需要较长的时间。

5. 法律法规

在确定股权激励周期时，还需要依循相关的法律法规。

股权激励的合理时机

要想长期产生激励效果，确保员工持续保持对工作的激情，股权激励必须分阶段进行。那么，股权激励的合理时机如何确定呢？从企业发展的角度来看，主要包括以下五个阶段：

1. 初创期：凝聚创业核心人才。

2. 发展期：组织裂变，复制和发展门店/事业部/子公司。

3. 成熟期：深化公司治理结构，提高中高层人员参与公司治理的广度和深度。

4. 上市筹备期：优化治理结构，强调合规性，为对接上市做准备。

5. 二代传承期：确保企业平稳过渡，寻找得力的助手，补足二代年轻人经验的缺失。

企业发展阶段不同，股权激励的目的也是不同的，要想顺利达成激励效果，必须在合适的时间选择合适的方式激励合适的人才。另外，当公司发展不稳定、缺乏相应的人才储备、公司财务核算不清晰、公司没有明确的发展战略的时候最好先不要考虑股权激励计划，此时只有先把企业的绩效管理做好，才能考虑股权激励的问题。

股权合伙人
Equity partner

分红发放方式

一般来说,分红有两种发放方式:一种是一次性发放,常见的为年底或年后员工大会上一次性发放;另外一种为分批发放,将分红分为多期发放。

我们曾辅导过的一家企业,其分红发放周期如表 2-13 所示。

表 2-13 某企业分红发放周期

时间	发放					
	今年	明年	第二年	第三年	第四年	第五年
第一年分红	20%	30%	50%			
第二年分红		20%	30%	50%		
第三年分红			20%	30%	50%	
第四年分红				20%	30%	50%

将第一年的分红分为三年发放,第一年发放 20%,第二年 30%,第三年 50%。分期发放分红有两个好处:一是减少公司当年财务支出;二是能够留住人才。到了第二年,仍是将当年分红分期发放,以此类推。

但需注意的是,分批发放方式需员工同意且企业实力相对雄厚,假如员工对企业的信心不足,分红分期发放很有可能导致员工与企业离心离德。

第二章
股权合伙人之"四五六落地系统"

计价：抱团打天下，计价定天下

被激励对象普遍都关心这样的问题：股权需要用钱购买吗？如果需要，那么需要多少钱呢？

股价定得过高，员工难以信任你；股价定得过低，员工又会认为公司前景不好。所以，股权计价，把握分寸极为重要（如图2-19所示）。

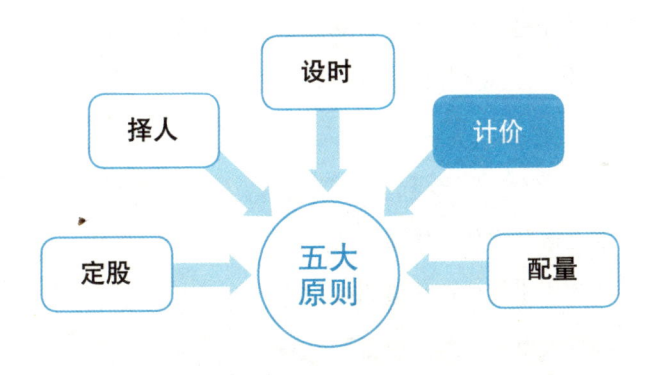

图2-19　股权合伙五大原则之计价

大多数中小企业都是非上市公司，与上市公司不同，民营非上市公司的股权计价是一个既简单又复杂的问题。之所以说它简单，是因为它没有法律法规的强制性规定，股东怎样定价都不会有大问题；之所以说它复杂，是因为它没有可以参考的依据，没有一个数学意义上公允的数值。如何定价，是一门大学问。定价低了，不利于企业的发展；定价高了，员工不接受。

从我们提供咨询服务的实际反馈来看，非上市公司股权的公允价格是比较难以确定的，除非公司近期有融资或增资而形成了公允价格，我国税务法律法规对这方面也没有强制性的规定。

关于非上市公司递延纳税，国税公告〔2016〕62号《国家税务总局关于股权激励和技术入股所得税征管问题的公告》中提到："非上市公司股票（权）的公平市场价格，依次按照净资产法、类比法和其他合理方法确定。净资产法按照取得股票（权）的上年末净资产确定。"

但这并非是针对非上市公司股权激励计价的强制性规定，非上市公司在实施股权激励的时候，在计价层面一般会面临以下问题：

- 非上市公司如何估值？
- 员工不相信公司估值怎么办？
- 如何设置员工购买价格？

下面，我们将围绕上述问题展开探讨。

非上市公司如何估值

确定上市公司的股票价值是一个非常简单的问题，因为上市公司的股票已经公开交易，并且有明确的价格。相对而言，非上市公司在实施股权激励时，一开始股权是没有明确的价格的。如何计价，就取决于企业的估值。比如企业估值1亿元，共有1000

第二章
股权合伙人之"四五六落地系统"

股,那么1股的价格就是10万元。

所以,非上市公司在实施股权激励时,首先要做的第一个动作就是给企业估值。

那么,应该如何给企业估值呢?在实操过程中通常有以下几个常见的标准:

1. 根据企业注册资本金估值

对于初创企业来说,注册资本是有效确认公司的基础估值、确定股权授予价格的一种十分便利的方式。一方面,它相较其他估值方式简单易算,容易达成一致;另一方面,由于企业发展尚处于不稳定阶段,股东和被激励对象会格外关注企业的注册资本是否雄厚。当公司的注册资本金等于或者略小于其净资产时,公司可以选择以注册资本为基准确定公司的基础估值,从而确定股权激励授予的价格。以注册资本金为基准确定股价可以兼顾现有股东和激励对象的利益,双方都有积极性推动股权激励计划落地。

2. 根据企业净利润估值

当企业逐渐进入新的发展阶段时,可以利用更科学的方法进行估值,比如利用企业净利润。公司的净利润绝不是报表上的会计利润,而是自由现金流。把企业整个寿命周期内的现金流量以货币的时间价值为贴现率,据此计算出公司净现值,并按照一定的折扣比例折算就可以确定公司的股票价格。

3. 根据企业的销售额估值

当企业处于可持续受益的状况下,可根据企业的最近连续超过三年的平均销售额来进行估值。

4. 根据企业净资产估值

根据企业净资产估值，是指在一定销售价格、开发速度和折现率的假设下，企业根据当前储备项目的现金流折现价值剔除负债后的估值方式。这一方式比较适合制造型企业。

5. 对标法估值

在进行估值时，需要参考同类公司的估值。可以选择三种标的进行比较：同类上市公司、行业标杆、业务相似企业。

例如，某短视频制作公司在进行估值时，就可以参考"抖音"的早期估值；评价类平台公司在进行估值时，可以将"大众点评"作为对标企业，参考其早期估值。与行业标杆公司对比估值，即使是早期估值，也会因各公司实际情况不同，而产生估值差异较大的情况。

6. 梦想法估值

梦想法估值也可称为市梦率估值，就是根据企业的梦想、未来和愿景进行估值。如果你觉得一家公司前景不错，有着较好的发展趋势，那么你就可以给它更高的估值。用梦想法进行估值的公司，最典型的代表就是阿里巴巴。

在实际操作过程中，你的股价值多少钱？最终还是要看它在员工心目中值多少钱，而这又取决于员工对公司的信任度。

在实施股权激励的过程中，很多民营企业都存在关于股份数量、价格、条件等方面的分歧，从心理层面来讲，股权激励价格的设计是股东和员工心理博弈的结果，如果双方没有共赢的意识，则很难达成一致。

第二章
股权合伙人之"四五六落地系统"

尽管对于股价的估值有很多种方法，但股价估值是否能够赢得员工的信赖，就不是通过简单的技术操作就能够达成的。

下面，我们以有增长空间的持股平台为例，给出其估值方式（如表 2-14 所示）。

表 2-14 某持股平台估值方式

估值方式	外部投资人估值	员工激励估值
净资产/投资额（市净率）	1~5 倍	1~3 倍
净利润（市盈率）	5~15 倍	5~10 倍
销售额（市销率）	1~4 倍	1~2 倍
注册资本	/	/
外部投资价格（市梦率等）	/	外部投资价格的 30% 左右

员工不相信公司估值怎么办

1993 年俞敏洪建立了新东方，随后王强、徐小平先后加入，但王、徐二人加入前对俞敏洪提出的公司估值不信任，要求第三方专业机构来评估公司实际估值，在第三方机构提交估值数据后，二人对公司选择的第三方机构提出不信任，并要求其他第三方专业机构再次估值，在付出高额估值咨询费后，三人终于确认了企业估值，但过程中已耗费了大量时间、精力、财力，所以在员工不信任公司的前提下做企业估值，成本是相当高的。后来三人组成了新东方的"三驾马车"，每人持有 33% 的股份，各司其职。但是随着公司的快速发展，矛盾也逐渐凸显。因为利益的冲突，公司新的业务迟迟难以展开。公司发展初期的裙带关系造成的痼疾日益凸显，员工对公司的发展前景普遍较为悲观。

对此，从 2000 年开始，俞敏洪对公司进行股份制改革，制定了一整套统一的战略规划。第一，制定合理的股份增发机制，让有能力的新股东推进新业务。第二，用 10% 的代持股份吸引新管理者，撇开裙带关系。

改革之后，新东方的业绩显著改善，公司也获得了快速发展，整体表现跃居行业龙头地位。

对于玉石，普通人可能看不出有什么太大的差别，但是它们的价格区间可能是几十元到几百万元，甚至上千万元。如何让一个普通人相信这块玉石价值几百万元，而不是几十元呢？这个时候，任凭销售人员费尽口舌试图去证明，都不及一张权威机构的专家鉴定书管用。

专家鉴宝为什么能被认同？因为专家的专业性获得了公众的认可，且他跟鉴宝者没有任何利益关系。同理，企业要想让员工相信股权的价值，就需要求助专业人士，例如请外部机构帮助估

第二章
股权合伙人之"四五六落地系统"

值。外部机构越权威,它的估值就越容易被人接纳。

而且,标杆估值也是一种可参考的估值方法。

芬尼克兹有一个很关键的元器件要进口,但一直苦于找不到合适的供应商。宗毅找专家鉴定后,认为该产品制作并不困难,而且毛利非常高,就打算自己来做。

这个项目大概需要投资 50 万元。起初,宗毅找到六位高管跟他们商量:希望每人出资 5 万元,合伙完成这个项目。但是这六位高管思考良久,仍旧犹豫不决。

最后,有四位高管投了钱。一个投了 10 万元,成了新公司的总经理,另外三人各投了 5 万元成了股东,剩余两人表示没钱,实际上是没有信心。

资金到位以后,只用了七个月时间就完成了相关产品的试制,该产品第一年利润就达到 120 万元。到了年终,宗毅把该项目的利润拿出一半做了股东分红。

总投入五六十万元,首年回报率就达百分之百。事情一传出,整个公司都沸腾了。次年,当公司计划再做一个新项目时,需要投资 100 万元,结果大家一夜之间就拿出了 220 万元。

芬尼克斯的案例给我们带来的启示是:当公司对一个新项目或新的子公司进行估值却遭遇员工的质疑时,我们可以采取小范围试点的方式,当试点取得成功后,员工看到了实实在在的成果和回报,然后再对新项目或者子公司进行估值,这样员工接受程度更高,公司估值倍数也会更高。

如何设置员工购买价格

股权种类不同,员工取得股权的定价也不尽相同。例如实股,必须以不低于净资产的价格卖给员工,而干股则可以不收取任何费用。具体计价操作如表 2-15 所示。

表 2-15　员工股权出资计价

股权种类	计价操作说明
干股	如果员工表现特别优秀,则可以不需要出资认购,只需要缴纳股价 10%~50% 的保证金即可
期权	只在行权时出资,价格是授予时的股价
期股	一般是缴纳保证金,通常比干股缴纳比例略高
实股	实股的出资就是购股金,需要满额,不能虚假出资,不能低于净资产的价格

但是为了更好地激励员工,企业往往也会根据不同的发展阶段和具体的经营状况,向核心人才进行适当的倾斜,并提供部分优惠措施。

我曾经辅导过一位客户,他的公司一度经营状况良好,但是在某个项目失败后公司开始走上了下坡路。那段时间企业人才流失非常严重,老板异常担忧,彻

第二章
股权合伙人之"四五六落地系统"

夜难眠。后来实在没有办法,老板找到我们来寻求解决方案。

了解过企业面临的问题后,我们认为"留住人才"是当下企业实施股权激励的核心,并提出了部分建议。老板认真学习之后,随后准备对企业实施股权激励计划,并针对自己的企业设计了全新的股权激励方案。

新的股权激励方案以期权激励为主,员工可以根据入职时间的不同,享受不同的期权认购价格的优惠,具体实施方案如表2-16所示。

表2-16 员工期权认购实施方案

入职时间	期权认购价格
2016年之前	0
2016~2017年	获得期股时股价的0~30%
2018~2019年	获得期股时股价的50%~80%
2020年	获得期股时股价的80%~100%
2021年之后	获得期股时股价的100%

通过上表中的数据,我们不难发现,为了留住人才,在公司任职时间越长的股权激励对象,享受到的优惠就越大。当然,这种方式也仅供参考,并不适用于所有企业。

经过一段时间的努力,企业人才流失的情况终于得到改善,并且吸引了越来越多的人才加入进来,企业又逐渐走上了快速发展的康庄大道。

配量：总量与个量分配方案设计

配量，即在股权激励方案中，所分配的股份总量和个量。总量针对的是所有的激励对象，个量所针对的则是每个个体所拿到的股份数量（如图 2-20 所示）。

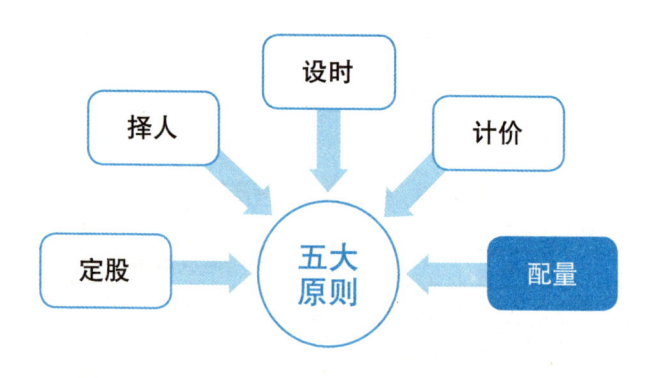

图 2-20　股权合伙五大原则之配量

配量会涉及很多问题，在配量的具体操作过程上，不同的企业千差万别。虽然操作层面上可以灵活运用，但是一些基本的原则必须提前加以考量。

关于股权的配量，主要涉及以下这些问题：

- 配量要考虑哪些因素？

第二章
股权合伙人之"四五六落地系统"

- 激励股总量如何计算?
- 激励股个量如何计算?
- 配量需要注意哪些问题?

下面,我们将围绕上述问题展开探讨。

配量要考虑哪些因素

配量主要考虑的因素有五个方面,即:股权结构、激励人数、激励成本、激励力度和法律法规(如图2-21所示)。

图2-21 配量五因素

1. 股权结构

在进行股权数量分配的时候首要考虑的因素是公司的股权结构,要在确保公司控制权的前提下,实施股权激励计划。

关于股权结构与配量的关系,我们可以从以下三个方面进行探讨，分别是：梯次、动态评估和预留空间。

梯次 从股权结构上讲，股权的分配不能搞平均主义，在合伙人的股权分配上要有明显的梯次，要在避免均等的基础上去实现股权的分配。这既与企业的控制权和决策效率有关，也与人性有关。

要保证老板的绝对控股权和决策权。中国民营企业大都规模不大，与很多国企、外企，以及超大型企业相比，中国民营企业最大的优势就是机动灵活、决策迅速、对市场反应敏锐，这个优势绝不能丢。要保证决策的效率，以及保障企业的未来，就要保证老板对企业的绝对控股权。老板是对企业投入最多的资源和心血的人，也是对企业最负责任的人，保证了老板的控制权，也就等于保障了有一个人永远对企业绝对负责，这可以有效避免很多无法预知的风险。

各职位高层、中层、基层之间的股权分配，要有明显的梯次。这主要基于三个方面的考虑：一是梯次感明显的股权结构，更受外部资本的欢迎；二是责、权、利必须一致，由于员工贡献不同，承担的责任大小不同，因此，分配股权时从量上来讲应该有所区分；三是有利于规避人性的弱点。俗话说得好："一个和尚挑水喝，两个和尚抬水喝，三个和尚没水喝。"设想一下，当老板之下，仅仅只有一位高管拥有的股权最多时，那么他就会产生强烈的责任感，自然就会认为在老板之下，他的责任最大。但是倘若老板之下，有多位高管股份完全相同时，那么大家就会互相推卸责任，遇到问题时，推诿扯皮就会频繁发生。从人性的角度上讲，

第二章
股权合伙人之"四五六落地系统"

当一件事情由多人负责时，就等于是没有人负责。所以在分配股权时绝不能搞平均主义，而应体现出梯次，这个梯次可以是动态的、变化的，这不仅可以让员工清晰地认识到自己的责、权、利，还可以在企业内部形成良性竞争的企业文化。

动态评估 在股权结构和配量的问题上，还应该进行动态评估。企业应该根据自身所处的不同发展阶段，不断地对分配总量加以评估。因为在不同的阶段，企业的整体估值是不同的，分配人数是不同的，激励的目的也会有所差别。例如，企业在推进股权分配的时候，就应该考虑到，按照现在的发展速度，企业是否会在未来一年内新增一条生产线，新的负责人应该获得多少股份？能不能不给股份，只进行分红？

预留空间 预留空间是对动态评估的延续，之所以要对股权分配进行动态评估，最重要的一个原因就是给未来发展预留充足的空间。这里的预留空间，包括两个部分：一是为投资人的进入预留空间，二是为后续的员工激励预留空间。

有些民营企业在实施股权激励的时候太过随意，一次性把股权全部分配出去。等到需要融资或者进行二次股权激励的时候，发现已经没有股权可以分配了。而这个时候要回收之前分出去的股份，往往要付出很大的代价，从而陷入两难的境地。

在融资的过程中，不仅投资人会关注股权结构，在企业上市的时候，也会要求股权结构清晰合理。因此，在配量的问题上，企业在一开始就要提前布局，合理规划，给未来预留出足够的空间。有些企业可能需要多次融资，如果没有预留空间，就意味着老板自己的那一部分股权在融资的过程中会不断被稀释,从而很容易引发控制权旁落的危机。

同样,企业也需要留出一部分股权池,来吸引外部人才的加盟,企业内部的人才结构也在不断调整,因此,为二次股权激励预留空间也是十分必要的。

2. 激励人数

激励人数包括两个方面:一是当前计划激励的人数,二是未来计划激励的人数。

刚进入2021年下半年,几大互联网公司相继公布涨薪计划、股权激励方案。先是小米创始人雷军宣布,小米颁布新的股票激励计划,向技术专家、新十年创业者计划首批入选者、中高层管理者等122人,奖励1.2亿股小米股票。

紧接着,腾讯控股在港交所发布公告称,根据股份奖励计划向不少于3300位"奖励人士"授予合计240.32万股奖励股份。腾讯解释说,发行的目的旨在嘉许"奖励人士"所做出的贡献并吸引及挽留集团持续经营及发展所需的人才。据了解,"奖励人士"包括雇员、行政人员或高级职员、董事、专家顾问或代理等。

通过这两家公司的对比可以发现,第一,他们在不断推出股

第二章
股权合伙人之"四五六落地系统"

权激励计划;第二,小米和腾讯激励的人数不同,配股的比例不同,这是按照他们的股权激励计划来分步实施的;第三,激励现有人员的同时,也要让后来者看到,公司有明确的对未来人才的持续激励计划。

可见,现在激励多少人,未来激励多少人,不是随意决定的,而是应该在股权顶层设计时就做好规划,以期在股权执行当中进行动态调整。

确认现有的激励人数是比较容易的,可以综合考虑公司战略发展方向的重要维度,如业绩贡献度、岗位、任职年限(司龄)、职级等加以计算。

但关于未来计划的激励人数,则要考虑企业的战略规划,进行战略推演。战略推演主要分两步进行:

第一步,以企业战略规划为依据,制定企业未来的组织架构图,预测岗位的具体编制;

第二步,根据预测得出的岗位编制,确定相应的激励对象,并预计未来激励人数。

为保持一定的激励力度,当拟激励的激励对象较多时,可以扩大股权激励总量;激励对象较少时,则可以相应减少股权激励总量。股权激励计划不是一锤子买卖,因此,要预留出将来可能的股权激励总量,以便未来持续开展股权激励,留住表现突出的员工,并积极吸纳外部人才。

3. 激励成本

激励成本主要基于两方面的考虑:一是针对老板而言,大量股权分配出去，每年需要拿出多少钱进行分红，老板是否做好了心理准备；二是针对员工而言，员工需要拿出多少钱购买这些股权。例如，某家公司体量很大，假如净资产达10亿元，当你拿出10%的股权进行激励的时候，那么激励对象能不能拿得出这么多的资金来购买这些股份。这些都是我们需要认真考虑的因素。

激励成本是一个需要提前考虑、预估甚至进行精密的财务计算的问题，它关系到股权实施能否顺利进行，能否让企业和员工双方都满意，最终实现双赢。举个例子，一些传统的生产制造型企业，占据了大量的土地、厂房、机器设备、库存等，资产规模很大，但是利润却很低。这样的企业，如果按照净资产进行认购的话，激励对象很可能对你的股份不感兴趣，因为花了大量资金购买股份，实际的分红却少得可怜，这是我们必须考虑的因素。

4. 激励力度

激励力度也是一个非常重要的维度，也就是股权的投资回报率。激励力度过小，员工动力不足；激励力度过大，则会让员工变得贪婪，事与愿违，有可能造就一批既得利益阶层，进而影响公司的再投入。而且一旦员工认为自己实现了财务自由，可能对于工作的激情就降低了。

一般而言，激励力度的大小需要考虑三个方面。

法律法规 国资委规定上市公司"激励收益不得超过其总薪酬水平的30%"。尽管民营企业在实施股权激励时要灵活得多，但根据我们实际辅导的经验，员工获得股权激励的有效投资回报率范围在15%~50%。如果低于15%，则可能效果不佳；如果高

第二章
股权合伙人之"四五六落地系统"

于50%，让员工拿到太多的额外收入，则会降低基础工资和绩效工资激励的效果。当然这个范围比较大，具体还是要根据不同的行业、不同的企业发展阶段、员工的实际需求等综合因素详细测算，量身定制。

公司的薪酬水平 在确定股权激励数量时，还需要考虑企业的现有薪酬体制。公司的薪酬待遇如果等于同行业薪酬水平或者比同行业水平高，那么股权激励额度可以小一些；如果比同行业薪酬水平低，那么激励额度可以大一些。

激励对象需求 与激励对象进行沟通，了解他们的内在需求与渴望，最好能和他们达成共识。在确定股权激励数额的时候，很多老板总是担心员工会欲求不满。其实，只要我们做好企业的股权运营，将股权的增值和未来价值发展很好地呈现出来，就几乎不会出现这样的情况。这是因为，在员工眼里，股权价值不过是当下的一份利润分红，至于其未来可能带来的各种回报，他们毫不清楚，因此，才会对股权数额有那么高的期望值。

总之，企业在考虑激励力度时，可以设置不同的比较对象，从外部、内部、纵向、横向四个方向出发，综合考量，选择合适的比较对象，研究学习（如表2-17所示）。

除了上述几项因素之外，还要结合企业的一些具体情况来确定股权激励数量，如企业所在的行业、企业的发展阶段、企业对人才的依赖程度等。

股权合伙人
Equity partner

表 2-17 激励力度比较对象

因素	比较对象
外部因素	同行业
内部因素	现有薪酬
纵向因素	历史薪酬
横向因素	其他岗位

例如传统行业，激励总量可以维持在5%~20%，而高科技行业、人才密集型行业及初创期公司，则可以维持在10%~40%。

但无论如何，作为老板必须记住，无论股权份额是多少，都要分次授予、逐步到位，这样既能甄选考验，同时也有利于控制风险。

激励股总量如何计算

我们要牢记一个公式：

激励股总量 = 现有人员激励股总数 + 预留股数。

配量包含两个方面：一是公司期权池的总量，二是每个人或岗位的数量。

1. 公司期权池总量需要考虑公司的实际情况而定。一般公司会拿出股权的5%~20%作为期权池，10%是中间数值。在进行股权激励时，可分批次进行，并设置不同的激励节点，比如，当营业总额达到某一目标时，或者第一轮融资成功时。

2. 确定个人期权时，要先定岗再择人。即根据岗位、级别确定期权大小，再具体到个人的期权大小。而要确定岗位期权数量，

第二章

股权合伙人之"四五六落地系统"

也需要分两步进行:第一步是按部门分配,第二步是具体到岗位。

当公司期权值确定之后,还要考虑其他因素,如员工职位、对企业的贡献、薪资水平、公司的发展阶段等,之后就可以确定员工持有的股权数量了(如表2-18所示)。

表2-18 确定员工持有的股权数量

项目	今年	第二年	第三年	第四年	第五年	总计
薪酬总额(元)	100000	100000	100000	100000	100000	500000
激励股数	300000(根据激励效果调整股数)					
每股分红(元)	0.075	0.1	0.125	0.15	0.175	
分红总额(元)	22500	30000	37500	45000	52500	187500
分红占年薪比	23%	30%	38%	45%	52.5%	
股价(元)	1.00	1.33	1.67	2.00	2.33	
增值总量(元)					400000	400000
分红+增值总额(元)						587500
(分红+增值总额)占年薪比(%)						1.175

激励股个量如何计算

如何分配股权激励的数量呢?传统做法就是由老板确定比例,但是这种做法并不客观公正,"民不患寡而患不均",员工会相互比较,"为什么别人比我拿到的更多呢",最终可能会引发各种内部矛盾。那么,到底应该如何计算股权个量呢?

在计算股权个量时,企业必须以自身现状和激励人数为基础,并综合考虑以下因素:职级系数、个人价值、员工的绩效贡献、任职年限。并据此设定一套评估机制,让员工参与到规则的制定中来，这样就有了标准、统一的评估工具和方法，大家就可以自己进行评估，计算出自己的股权个量。

例如，可以设定这样的计算公式：

个人获授激励总量 = 激励股总数 × 个人岗位层级系数 × 历史贡献系数 × 岗位类型系数 /（个人岗位层级系数 × 历史贡献系数 × 岗位类型系数）

1. 个人岗位层级系数根据岗位等级拟定，以最低层级岗位为参照，设为1.0，往上一级乘以1.5倍，两层及之间为1.25倍（如表2-19所示）。

表2-19 参考系数表

岗位层级系数								
岗位层级	第1级	第2级	第3级	第4级	第5级	第6级	第7级	……
岗位层级系数	1.00	1.5	2.25	3.38	5.06	7.59	11.39	……

历史贡献系数								
工作年限	满1年	满2年	满3年	满4年	满5年	满6年	……	
历史贡献系数	1.02	1.04	1.06	1.08	1.10	1.12	……	

业绩类型	举例	岗位类型系数
一类岗位	战略制定、资本运作、技术、销售	1
二类岗位	制造、商务、营销策划、客服	0.9
三类岗位	采购计划、PMC、QC、OEM	0.8
四类岗位	财务、人事、IT、品牌、物流、安全等	0.7

2. 历史贡献系数 =1+2% × N，N为司龄，即每工作满一年上

第二章
股权合伙人之"四五六落地系统"

浮 2%,司龄统计截止方案实施前。

3. 岗位类型系数指岗位与公司业绩直接关联程度,越直接系数越大。

此外,一些企业还实行"蛋糕切分法"来分配个量。将权益份额总量分成岗位股、司龄股、业绩股、奖励股。其计算方法如表 2-20 所示。

表 2-20 蛋糕切分法

分类	计算方法
岗位股	依照公司设定的岗位职等设置等比数列
司龄股	依照公司在职时间设定指定档位
业绩股	依据业绩贡献部门的净利润设定区间参数
奖励股	不与任何类型股叠加,仅奖励以上类型股之外人员

在股权激励方案中,总量与个量彼此关联,但总量并非个量的简单相加,量的确定必须综合考虑。

配量需要注意哪些问题

在企业经营发展的过程中,不同的员工扮演着不同的角色:资金、技术、管理、运营、市场开拓。每个角色之间因为领域的不同似乎很难等价比较,所以股东之间在量的问题上如何分配,往往成为一个难题。一旦处理得不好,极有可能给企业埋下隐患。

量化贡献,一定要明确合伙人的责、权、利。股权激励要建立在绩效的基础之上,要量化"合伙人的贡献",明晰每个合伙人长期的责任、权力和利益。

  在配量的时候，要定下相应的责任，否则后患无穷。量和责任不匹配，轻则导致企业的亏空和损失，重则导致股东离心、员工不服和内讧，对企业危害无穷。

  可见，在"四五六系统"中，五大原则是实施股权激励方案操作落地的重中之重。在五大原则中，每一个数字和细节的变化都有可能给整个方案带来很大的影响，甚至会影响到整体激励的效果。以上五大原则中列举的数据，仅供参考。在我们咨询辅导的实操中，因为每家企业行业不同，人员不同，阶段不同，需求不同等，所以每家企业的落地方案也不尽相同，股权无小事，建议还是请专业的机构协助落地。

第二章
股权合伙人之"四五六落地系统"

股权合伙的六大保障

从股权激励的实践结果来看,股权激励也是一把"双刃剑",执行得好,能为企业带来巨大收益;执行得不好,也会为企业带来很多负面影响,甚至给企业未来的发展埋下许多隐患。虽然现在都在提倡"分股合心",但是"分股"绝不是一件小事,因此,一定是要有机制保障,有保障的股权激励才能真正做到"分股合心",缺乏保障的股权激励后患无穷。从企业的层面来讲,无保障的股权机制往往会带来以下恶果:

高管的所得大幅提升,企业效益下降

由于缺乏经验,很多企业在实施股权激励的时候,在配量、计价等方面操作不当,加之市场剧烈变化,也没有设定相应的绩效激励和调整机制,所以出现了高管收入大幅增加,企业效益却出现下降的现象。

"伊利的股权激励方案很'特别',31.67元/股从二级市场买入,再以15.46元/股的价格转让给公司

股权合伙人
Equity partner

激励对象,这意味着其中有近30亿元差额将计入伊利股份未来的管理费用,相当于上市公司直接向管理层'送钱。'"投资者不满地说。这一切的矛头都指向了《伊利股份2019年限制性股票激励计划(草案)摘要公告》。

让我们来回顾一下事件的发展经过:

2019年4月,伊利股份宣布拟回购公司2.5%~5%的股份用于公司员工股权激励。三个月后,伊利股份称,截至2019年7月24日,公司已通过上海证券交易所交易系统以集中竞价交易方式累计回购公司股份数量约1.8292亿股,成交均价为31.67元/股,耗资约58亿元。

2019年8月6日,伊利股份发布《股票激励草案》称,拟向激励对象授予1.83亿股限制性股票,占总股本60.97亿股的3%,股份来源为公司从二级市场回购的股份,授予价格15.46元/股,激励对象共计474人,包括在公司任职的董事、高管、核心技术(业务)骨干等。

但伊利股份股票激励计划一出台,便引发投资者用"脚"投票。2019年8月6日上午,伊利股份开盘大跌逾9%,收盘至28.1元,跌幅8.8%,当天市值蒸发超160亿元。此后数月,伊利的股价走势依然不理想。

作为我国早期实行股权激励的上市公司,伊利在2006年就

第二章
股权合伙人之"四五六落地系统"

实施了第一次股权激励,那次股权激励让公司高管一夜暴富,却也让公司一夜亏损。

2006年伊利集团实施了股权激励,某高管获得了1500万股的股份,当时行权的价格为13.33元,这相当于他的薪酬翻了100多倍,但是2007年伊利却净亏损近千万。到2009年,伊利因连续三年亏损,甚至成为遭遇退市预警的企业。类似于这样的案例,在民营企业当中也有不少,这告诉我们:在实施股权激励的时候,相应的绩效考核机制和股权调整机制是必不可少的。

高管获取股份后不思进取或辞职套现时有发生

就连马云都曾多次提出:要特别警惕实施股权激励后员工失去进取心。

凡事都有两面性,钱给少了,员工不乐意,不肯干;钱给多了,员工财务自由了,工作的热情也会大大下降。如果企业发展得好,上市了,更是有很多员工不再关心如何让企业获得进一步的发展,而是一味琢磨着如何在最高价时把股票卖出去。

《公司法》第142条规定:公司董事、监事高级管理人员,在任职期间每年转让的股票不得超过其所持公司总股票数的25%。在这种情况下,有些高管因为担心股价下跌,很可能会辞职一次性抛售。

如何杜绝这样的现象发生,就需要我们制定相应的保障机制。

陷入股权纠纷，后患无穷

从现实情况来看，股权纠纷事件屡见不鲜，很多知名企业都曾因为股权纠纷而陷入泥潭，给企业的稳定、声誉和未来的发展都造成了灾难性的后果。就连股权合伙人制度做得颇为成功的万科，也曾陷入股权风波，让外界为之捏了一把汗。可见，缺乏相应保障机制的股权激励是多么可怕。

股权激励的保障机制，不仅仅是对企业的保障，也是对员工的保障。

对于企业来说，有保障的股权激励才能让企业远离隐患，基业长青；对于员工来说，有保障的股权激励，才能让员工安心、放心，进而用心。没有保障的股权激励在员工眼中都是"忽悠"，是无法充分调动员工的工作积极性的。

因此，股权激励必须设置相应的保障措施，有保障的股权激励才能"分股合心"，实现企业和员工的双赢。

下面我们就来详细分享一下股权"四五六落地系统"中的六大保障机制：出资机制、调整机制、绩效机制、分配机制、管理机制和退出机制。

出资机制：只有出钱买股才能同心

我曾经辅导一位初创企业的老板，他在上一家公司任高管时，深得老板的信赖。当初，企业在实施股权激励的时候，他不仅是最重要的激励对象，同时老

第二章
股权合伙人之"四五六落地系统"

板还让他参与设计了股权方案。当时,公司没有提出出资购买的要求,他自然也不会主动提及。后来,由于他所在的行业形势大好,他选择了辞职自己创业。

如今,他创建的企业也要实施股权激励了,他给出的硬性规定是:员工必须出资购买。按照他的说法,他自己是有切身体会的。他在上一家企业工作时,股权没有花钱购买,所以临走的时候毫不在乎,倘若当初是花钱购买的,那重视的程度肯定不同,对企业的感情也会不一样,也许就不会轻易离职了。

可见,从人性角度出发,不花钱购买的所有东西都很难被珍惜。如果连公司宝贵的股权都是免费赠送的话,很难让员工去真正珍惜这份有限的、宝贵的财富,也就更加难以达到激励的效果。

这位企业老板的心得和我们的看法不谋而合。有人说,股权本就是老板为了激励员工而出让的,为什么还要让员工出钱呢?这是因为,免费的股权对员工来说就像是天上掉的"馅饼","馅饼"有也可,无也可。所以大家在离职的时候也毫不心疼,说走就走。如此一来,根本达不到激励员工、留住人才的目的。交钱才能交心,员工出资购买与免费配股,所起到的效果是完全不同的。

所以,一般我们会建议企业尽量让员工出资购买股份,钱多钱少是另一回事,但必须出钱(如图 2-22 所示)。但是站在员工的角度,他们不禁会提出质疑:出钱购买,会不会是忽悠?钱会不会打了水漂?会不会根本拿不到收益?这些疑惑如果不能加以解决，那么不仅得不到员工的理解和信任，反而会迫使员工因为不想出资而选择离职。因此，出资必须要有相应的保障机制。

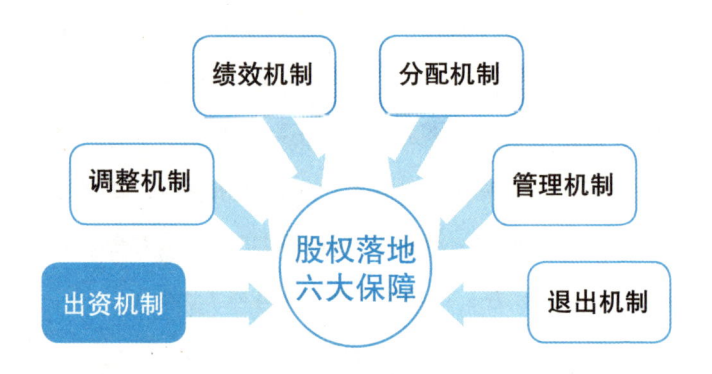

图 2-22　股权落地六大保障之出资机制

根据我们辅导的经验，在出资机制的问题上，企业通常遇到的问题主要有以下几个：

- 员工出多少钱？
- 如何保障员工的出资安全？
- 员工不愿意出钱/出不起钱怎么办？

下面，我们将围绕这几个问题来展开探讨。

员工出多少钱

在员工出多少钱的问题上，绝不能是谁出资多，谁就拿大头。

第二章
股权合伙人之"四五六落地系统"

这样非常不利于企业的长远发展,而是要坚持一个基本的操作原则:中、高、基层区别对待。

中、高、基层要区别对待,这是比较容易理解的。高层承担的责任最大,一般企业认为,倘若高层不愿意出资参与股权激励,则意味着和公司理念及价值观有所背离,那么就会考虑他是否适合继续担任原有职位。而中层和基层根据职位重要程度的不同,可以采取自愿形式。

总体说来,高层出资最多,配股最多,有一定的强制;中层基于岗位和意愿;基层完全依照个人意愿,不得强制。

不同的股东类型,股权配置方案也不尽相同(如表2-21所示)。

表2-21 不同股东类型的股权配置方案

股东类型	股权配置方案
经营管理型	担多少责、拿多少钱
资源型	量化资源价值,准确界定其股权比例
技术型	量化评估股东技术价值、产品应用前景、技术竞争力等
资金型	带着资金进入公司,通常是做溢价认购股权。投资70%的资金占30%的股权也比较常见

如何保障员工出资安全

企业在实施股权激励的时候,涉及员工出资的问题时,通常员工最担心的就是出资安全问题。毕竟员工需要出资认购,所以他们一般会担心以下问题:

- 是不是真的能够得到承诺的回报？
- 万一企业亏损或者倒闭，钱是否会打了水漂？
- 老板会不会拿钱跑了？
- 如果中途想退出，还能拿回本金吗？

……

针对以上这些问题，要打消员工的疑虑，仅仅通过口头承诺是不够的，必须给予员工制度和法律上的保障。公司应与员工订立合法合规的入股合同，把各种条款都要讲清楚。在订立合同的时候，应将出资人姓名、出资额、出资方式和出资时间登记清楚，另外，投资款项的用途、若违约偿还方式也需要注明。合同须一式两份，公司和员工本人各持有一份。

员工不愿意出钱／出不起钱怎么办

我的一个咨询客户，以前是某家传统连锁机构的高管，该公司在进行股改的时候，给他的购股价格十分优惠，但他仍然拒绝购买，并最终选择离开。

在做调研的时候，这位高管反馈，当时他不愿意出钱的原因是，那家公司规定，在获得股权激励后，员工的固定收入和绩效工资会相应下调。这个时候再让他拿钱购买股份，心里难免有些忐忑。是否愿意出资，关键就在于股权在他心目中值不值钱。如果他对企业

第二章
股权合伙人之"四五六落地系统"

的未来发展没有信心,认为股权不值钱的话,那么肯定是不愿意出资购买的。

在这个案例中,企业忽略了很重要的一点:在实施股权激励的时候,如果公司让员工出资认购,必须说明股权的价值。在获得了股权激励之后,并非一定要降低员工的固定收入。如果公司能给出一套有效的工具,直截了当地告诉员工企业的未来在哪里,当员工知道这些股权未来价值不菲的时候,他还会拒绝投资吗?

现在,很多企业都在设计一些可以预测股权未来价值的工具,只要把公司当下发展状况的数据输入进去,就可以大致测算出企业股权的未来潜力。通过种种方式,帮助员工把账算清楚,那么员工不仅会乐意出资,而且还对企业的未来充满了信心,工作起来也更有热情。

我的一个咨询客户,曾经拥有一家连锁酒店。在实施股权激励计划后,给一些绩效优异的员工进行配股,并让员工适当出资进行购买。由于看好企业发展,公司给出的股价也非常合理,绝大部分获得配股资格的员工都爽快地出资了,但也有个别员工表示没钱。公司通过了解,发现这几个员工也是有强烈的参与意愿的,只是家庭负担太重,不是亲人生病,就是刚刚买了房子,确实没有钱。

股权合伙人
Equity partner

对于一些特别优秀的员工,如果确实资金困难,企业应适当给予一些支持,主要包括:

企业内部贷款。如上述案例中的情况,企业可以和员工签订长期合同,帮助员工在企业内部贷款,因为这个贷款实际上是以企业信用作为担保的,而且员工也非常优秀,所以获得贷款的概率是很高的。

企业担保,员工银行贷款。如果员工对入股的意愿很高,也可以尝试"企业为员工担保,向银行贷款"的方式,因为企业在银行的信用一般都是比较好的,这种方式的成功概率也很高。

如果不想以前两种方式入股,那么也可以采用"分期授予+首付款+贷款+分红归还本息"方式(如表2-22所示)。如公司激励某员工3%的股份,启动第一年,公司授予员工1%的股份,员工只需要支付三分之一的首付,其余贷款到第二年再授予1%的股份,依旧付三分之一的购股金,以分红还本付息。这样,在第四年即可结清所有贷款,授予全部股份。

表2-22 分期授予+首付款+贷款+分红归还本息

启动后第一年	启动后第二年	启动后第三年	启动后第四年
授予1%股份,首付三分之一,其余贷款	1.再授予1%股份,首付三分之一,其余贷款 2.分红还本付息	1.再授予1%股份,首付三分之一,其余贷款 2.分红还本付息	分红还本付息

第二章
股权合伙人之"四五六落地系统"

调整机制：为什么调？怎么调？谁来调

任何一家企业的发展，都不是恒定不变的。在企业的发展过程中，初期为了尽快凝聚人心，有些企业可能迫切地想把公司的股权分配出去。这就会造成一些人初期做出巨大贡献，后来却裹足不前，坐吃山空；还有一些人开始时热情十足，不久就一脸冷漠，事不关己高高挂起；又或者还有一些人随着公司的快速发展逐渐不再适合公司发展要求。

类似这样的情况，在民营企业的发展过程中是非常普遍的。仅仅依靠早期的几个创始人是很难应对公司未来五年、十年的发展需要的。很多人拿到了股权就停滞不前，或者带着股权去了别的公司，严重影响了整个团队的进步和发展。所以，团队分配股权的同时一定要提前设定好公司股权的调整机制（如图2-23所示）。

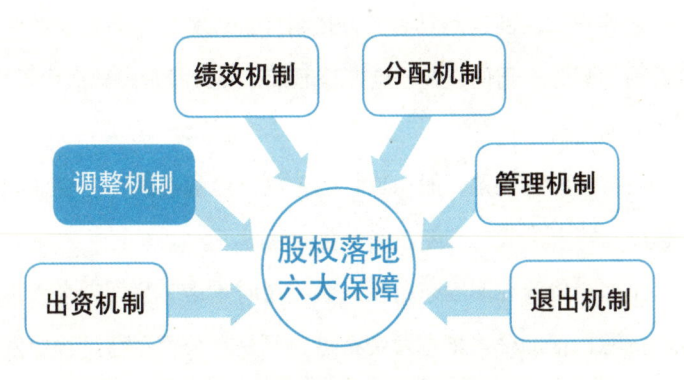

图2-23 股权落地六大保障之调整机制

关于股权的调整机制，主要涉及的问题包括：

- 为什么要设置股权调整机制？
- 什么时间设置调整股权机制？
- 如何设置股权调整机制？
- 不同类型的股权具体如何调整？

下面，我们将围绕这四个问题来展开探讨。

为什么要设置股权调整机制

在给企业客户进行培训辅导的过程中，我们发现大量的企业客户在股权架构的设计上都普遍提出了一个需求。什么需求呢？就是股权的动态调整。之所以十分普遍，是因为企业目前对资源、技术、人才的需求已经远远超过对资金的需求，而这些因素又是股东与其他创业合伙人合作的前提条件。但《公司法》并没有涉及企业客户关注的这些具有人身依附性的因素，于是在实践中很容易因为资源不到位、人才流失等因素，导致股东内部产生矛盾，公司分崩离析。

还有一种可能是，股东成长的速度已经远远跟不上企业的发展速度，等于是股东已经在拖企业的后腿了。

比如一位资源型股东，在入股公司时承诺为公司带来大量的客户资源，帮助公司拓宽营销渠道，可是在公司运营过程中发现这位股东可变现的客户资源却少得可怜，与其持有股权的价值严

第二章
股权合伙人之"四五六落地系统"

重不符。公司在对外营销上耗费了大量的资金,但又没有相关的法律法规来约束这位股东,因为他并没有触犯法律,也没有故意损害公司利益,只是没有兑现自己对公司的口头承诺。

所以,一定要预先设置调整机制,方便后续股权的动态调整。海底捞的发展历程就是鲜明的例证,通过股权的动态调整,最终实现了公司的可持续经营。

什么时间设置股权调整机制

股权的调整机制,在一开始实施股权激励措施的时候就要建立起来,避免日后出现矛盾和争端。然而很多企业在实施股权激励之初,企业规模小、盈利少,根本就不会考虑股权调整的问题。

> 我有一个客户,他曾经和自己的亲戚合伙开了一家公司。公司刚成立的时候资金紧张,也缺少专业人才,后来公司引进了一位带资的市场开拓人员。该员工提出自己可以投资公司,且帮忙开拓市场,但是要求获得10%的股权,于是他和亲戚两人很爽快地同意了。
>
> 他跟亲戚二人各拿出5%的股份送给这位新的合伙人,当时也没有签署任何协议约定如何收回股权,后来合伙人从公司离职,股权却仍掌握在他手里。过了几年,公司规模慢慢壮大,老板想收回一部分股权奖励新进人才时,才发现困难重重。

很多民营企业或者创新型企业都曾面临这样的问题，实施股权激励的时候，股权价值较低，完全不当一回事，随意进行分配，根本不会考虑股权调整的问题。等到企业规模不断壮大时，才开始想要进行调整，却发现困难重重，有时甚至出现对簿公堂的情况。

所以，股权调整机制在开始实施股权激励的时候，就应该考虑在内，相关条款一开始就要以合同的形式固定下来。千万不要等到需要调整的时候，才发现没有任何章程或法律条款可以操作。

如何设置股权调整机制

为了让股权需要调整时有股可调，新人加入时有股可分，在股权分配之初，就要采取一些措施。以下几种手段是很多企业在实施股权分配时经常用到的，可以作为参考。

1. 股份预留制

创业之初，预留一部分股权，在后面需要调整的时候，可以有适当的伸缩性。

2. 股权分期发放制

分配股权时，根据高管或者合伙人的表现分期给予的方式。

3. 股权增资扩股

对于一家公司的存量股权确实是100%为上限，分配完就没有了。但是对于增量的部分其实是没有上限的。它可以持续地永久增发下去。

4. 在组织之外调整

在总公司以下增加子公司。类似于项目孵化或者项目投资，

第二章
股权合伙人之"四五六落地系统"

在子公司当中为股东配置股权。比如联想控股的操作模式。

不同类型的股权具体如何调整

那么,对于不同类型的股权,当员工职位出现变动时,股权应该如何调整呢?针对虚拟股、期股的调整机制,如表2-23、表2-24所示。

表2-23 虚拟股调整机制

事项	锁定期内					锁定期后				
	股份处理	亏损	本金	分红还贷	未分配红利	股份处理	亏损	本金	分红还贷	未分配红利
升职	增加					增加				
公司原因降职	减少	扣除亏损	退	退	退	减少	扣除亏损	退	退	退
考核不达标降职	减少	扣除亏损	退	退	退	减少	扣除亏损	退	退	退
调动	分期回购	扣除亏损	退	退	退	分期回购	扣除亏损	退	退	退

表2-24 期股调整机制

事项	锁定期内		锁定期后	
	股份处理	价格	股份处理	价格
升职	增加	当期价	增加	当期价
公司原因降职	减少	本金+增值	减少	本金+增值
考核不达标降职	减少	本金	减少	本金
调动	分期回购给新平台股份	本金+增值	分期回购给新平台股份	本金+增值

绩效激励：没有绩效落地的股权就是脱缰的野马

为什么要设立绩效激励

每一个老板在实施股权激励的时候，愿望都是美好的：给了员工股权，员工就会更积极地投入工作，给企业绩效带来大幅增长；企业绩效的增长，又会反过来让员工更好地享受到股权带来的收益，从而更加拼命地工作。

然而在实际操作过程中，总会遇到各种各样的问题，这些问题包括：

员工虽然拿到了股权，但是工作积极性并没有被充分调动起来；

员工只想拿到股权带来的好处，对所需承担的责任并没有相应的觉悟；到了年底分红的时候，由于业绩不尽理想，员工对分红结果不满，认为企业搞股权只是在忽悠，后续就更加没有投入的热情了；

员工收入的增加幅度远远大于企业利润的增长幅度，实施股权激励后，企业净利润反而出现下降；

员工所享受的股权和其所做出的贡献不成正比，股权分配和兑现机制不合理，导致分配不公，引发内部矛盾；

……

以上列举的种种问题，在实际操作过程中都是十分普遍的。股权激励其实是为了让员工克服人性的懒惰，积极为公司出谋划策、落地执行，完成公司的目标和业绩。如果对于相关的股权享

第二章
股权合伙人之"四五六落地系统"

有者没有进行绩效考核的机制,而是让其坐等分红,那么对公司的成长是没有任何帮助的。

所有的企业都不希望看到激励对象因享受高额收益逐渐丧失持续奋斗的动力,而希望员工股东能和公司共享收益,共担困苦。因此,要实现公司与员工"合作共赢"的目标,必须对公司和激励对象设定相应的绩效考核条件(如图2-24所示)。

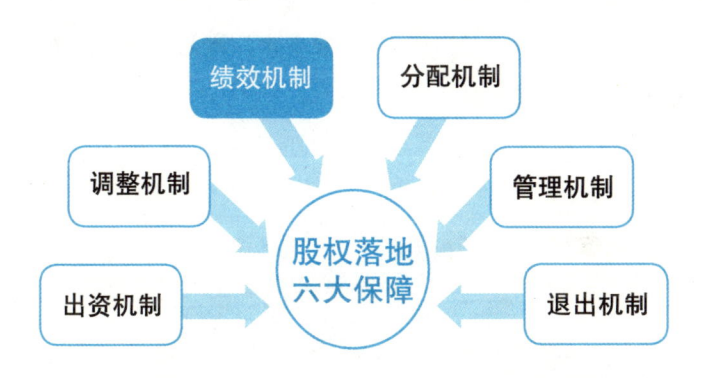

图2-24 股权落地六大保障之绩效机制

什么是绩效激励

绩效激励分为公司层面的考核和个人层面的考核,公司层面的考核包括考核周期、考核指标、指标权重三个方面(具体内容如表2-25所示)。

表 2-25　公司层面三大考核

维度	考核内容
考核周期	战略周期考核、年度考核
考核指标	销售额、利润率、回款额、人均利润额、自主品牌占有率
指标权重	根据发展阶段和预期战略目标由董事会确定

个人考核指标是公司层面考核指标的分解，其目的是确保公司经营目标的达成。个人层面的考核包括认购考核、分红考核和转实股考核（如图 2-25 所示）。接下来，我们将把个人考核指标展开，进行详细讲解。

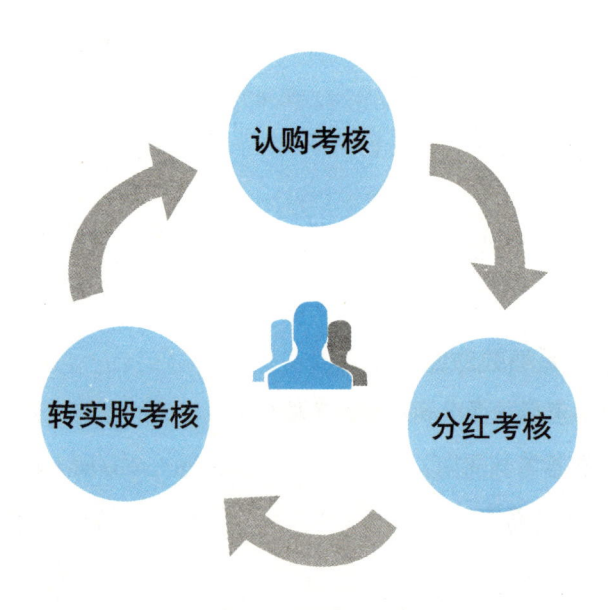

图 2-25　个人层面的三大考核

第二章
股权合伙人之"四五六落地系统"

认购考核 尽管员工需要出资购买股票,但是企业在让员工出资购股的时候,一般都会给予优惠的价格。因此,股权认购一定要有准入门槛,否则不仅会做成"大锅饭",还会给员工一种"不值钱、强制购买"的感觉。

认购是需要考核的,不同的企业考核的标准不同,这些考核标准包括:岗位、职位、进入公司的时间、有无重大违纪、上一年的绩效考评结果等。譬如,在阿里巴巴集团,规定 P6 级别以上的技术员工可以获得期权奖励,其中级别越高,获得的期权也就越多。

以我们辅导的企业为例,很多企业对员工认购股权设置的考核标准包括"入职一年以上""上一年度的综合考核评级 B 以上"等。也有一些企业,会建立竞争性股权激励机制。例如,将综合评分前十名的人定为股权激励对象。

需要注意的是,在进行股权激励的认购考核中,不但要遵循普遍性的规则,还要考虑到企业的特殊性,根据企业的具体情况设定相应的考核标准。此外,不止在股权导入之前需要一定的考核条件,在实施过程中,同样需要一定的考核条件,如有未达到标准者,就必须退出股权激励范围。

分红考核 对于绝大多数员工来说,企业在进行股权激励时,所给予的并不是实股,而是分红权。分红权实际上是企业的实股股东把一部分属于自己的分红无偿赠与部分员工的行为,在一些小企业或者独资型民营企业,通常是老板把属于自己的分红赠送一部分给员工。

分红也是有考核标准的，什么标准呢？一般是绩效考核，以绩效考核为标准，就可以把复杂的问题加以简化。分红权赠予靠的不是老板的善心与胸怀，而是员工的绩效。分红激励依据的也是员工的绩效。一个员工的绩效越高，其分红考核成绩就越佳。

绩效考核容易涉及一个问题：就是不管设定怎样的考核制度，总是难以做到绝对的完美。特别是对于一些成果较难界定的职位，就更加困难。传统绩效考核在实际操作过程中也会面临绩效成果难以精确衡量、评分过程中容易涉及一些人为因素等问题。

多数企业在实行股权激励的时候，一般都是将员工表现分为A、B、C、D四档，但这样的评定办法有着很大的漏洞。比如同样是A档，可能甲员工和乙员工绩效贡献值相差很大。过去奖金都是几百元、几千元，大家可能并不会过于计较，但一旦实施股权激励机制，因为股权是对未来的受益进行分配，而未来的想象空间无限远大，这时员工之间就很容易发生各种矛盾和冲突。这种情况下就需要调整机制，让分红权激励方式随着职位变动而相应地加以调整。

转实股考核 转实股考核，就是原本享受干股、期权或者虚拟股的员工，想要转成实股，这种情况分为两种：一种是员工出资购买，另一种是把应得的分红转为股份。

通常情况下，转实股考核和认购考核的标准差不多，可以参考认购考核标准中的个人岗位绩效指标（如表2-26所示）。

第二章
股权合伙人之"四五六落地系统"

表2-26 个人岗位绩效指标

销售部门 KPI					
岗位	KPI指标	岗位	KPI指标	岗位	KPI指标
销售经理	1. 销售部目标完成率 2. 销售费用率/偏差率 3. 回款率 4. 毛利率/毛利达成率 5. 新客户数量 6. 老客户业绩增长率 7.VIP客户数量 8. 人均业绩	业务员	1. 销售目标完成率 2. 回款率 3. 毛利率/毛利达成率 4. 新客户数量 5. 老客户业绩增长率 6.VIP客户数量	跟单员	1. 销售目标完成率 2. 回款率 3. 订单准交率 4. 订单资料准确率 5. 客诉结案及时率

研发部门 KPI			
岗位	KPI指标	岗位	KPI指标
研发部经理	1. 新品研发数量 2. 新品研发周期 3. 新品销售额/占比 4. 新品转换率 5. 研发费用率 6. 研发客诉次数	研发工程师	1. 新品研发数量 2. 研发进度完成率 3. 新品转化率 4. 研发资料准确率 5. 研发费用偏差率

工程技术部门 KPI			
岗位	KPI指标	岗位	KPI指标
工程技术部经理	1. 工程改稿率/次数 2. 工程技术资料准确率 3. 工程技术资料准交率 4. 产线异常处理及时率 5. 工艺改善方案数量 6. 工程客诉次数	技术工程师	1. 工程技术资料准确率 2. 工程技术资料准交率 3. 产线异常处理及时率 4. 工艺改善方案数量 5. 样品准交率

股权合伙人
Equity partner

续表

计划部门 KPI

岗位	KPI 指标	岗位	KPI 指标	岗位	KPI 指标
计划部经理	1. 订单准交率 2. 待机待料工时 3. 插单改单次数 4. 库存周转率 5. 人均产量	物控员	1. 物流准交率 2. 物料计划准确率 3. 齐料上线率	计划员	1. 订单准交率 2. 待料工时 3. 插单改单次数

采购部门 KPI

岗位	KPI 指标	岗位	KPI 指标
采购部经理	1. 采购准交率 2. 来料一次合格率 3. 新增合格供应商数量 4. 物料采购成本占比 5. 库存周转率	采购员	1. 采购准交率 2. 来料一次合格率 3. 新增合格供应商数量 4. 采购成本降低比例/数量

生产部门 KPI

岗位	KPI 指标	岗位	KPI 指标
生产部经理	1. 生产费用率 2. 订单准交率 3. 生产一次合格率 4. 品质客诉次数 5. 人均产量/产值 6. 员工流失率	生产助理	1. 生产一次合格率 2. 订单准交率 3. 人均产量/产值 4. 员工流失率

品质部门 KPI

岗位	KPI 指标	岗位	KPI 指标	岗位	KPI 指标
品质部经理	1. 品质费用率 2. 验货一次合格率 3. 品质客诉次数	来料检验员	1. 物料上线使用合格率 2. 来料检验及时率 3. 发现品质不良次数	成品检验员	1. 验货一次合格率 2. 品质客诉次数 3. 品质不良损失金额

第二章
股权合伙人之"四五六落地系统"

续表

品质部门 KPI

岗位	KPI 指标	岗位	KPI 指标	岗位	KPI 指标
品质部经理	4. 客诉结案及时率 5. 品质不良损失金额 6. 品质改善提案次数	制程检验员	1. 成品一次合格率 2. 批量品质异常次数 3. 品质客诉次数	成品检验员	

仓储物流部门 KPI

岗位	KPI 指标	岗位	KPI 指标
仓储部经理/主管	1. 出入库准确率 2. 出入库及时率 3. 账实相符/盘点准确率 4. 仓储损耗金额 5. 物流费用率 6. 库存周转率	物料员/仓管员	1. 出入库准确率 2. 出入库及时率 3. 账实相符/盘点准确率 4. 6S 检查得分

财务部门 KPI

岗位	KPI 指标	岗位	KPI 指标
财务部经理/主管	1. 费用率/偏差率 2. 回款率 3. 毛利率 4. 报表及时准确率 5. 资金周转率	会计	1. 费用率/偏差率 2. 回款率 3. 毛利率 4. 报表及时准确率

人力行政部门 KPI

岗位	KPI 指标	岗位	KPI 指标	岗位	KPI 指标
人力行政部经理	1. 人事行政费用率 2. 招聘到岗率 3. 员工流失率 4. 人均劳效	人事专员	1. 招聘到岗率 2. 员工流失率 3. 培训合格率 4. 薪酬绩效数据及时准确率	行政专员	1. 一次执行率 2. 员工满意度 3. 月度关键事项完成率

续表

人力行政部门 KPI						
岗位	KPI 指标	岗位	KPI 指标	岗位	KPI 指标
人力行政部经理	5.一次执行率 6.员工满意度	人事专员		行政专员	

在我的上一本书《绩效合伙人》中对绩效落地的所有细节均进行了详细、全面、系统的阐述，感兴趣的朋友可以单独进行了解。

分配机制：利益分配提前想明白、说清楚

让核心员工持股，主要目的是想对其产生持续地激励，不断激发其工作的积极性和创造性。然而，在实际操作过程中，很容易演变成另一种情况：激励对象仅仅是获得了身份上的认同，其主观能动性却并没有被充分调动起来。究其原因，就在于在分配股权之前，没有将利益分配提前想明白、说清楚（如图2-26所示）。

人是趋利避害的动物，收益对人有着极大的吸引力。拿不到的收益，在员工看来不过是给他们画了一张大饼。只有设定切实可行的分配机制，才能让员工相信；只有员工相信了公司设定的分配机制，他们才会积极主动地投入工作之中，发挥自己的最大价值。

第二章
股权合伙人之"四五六落地系统"

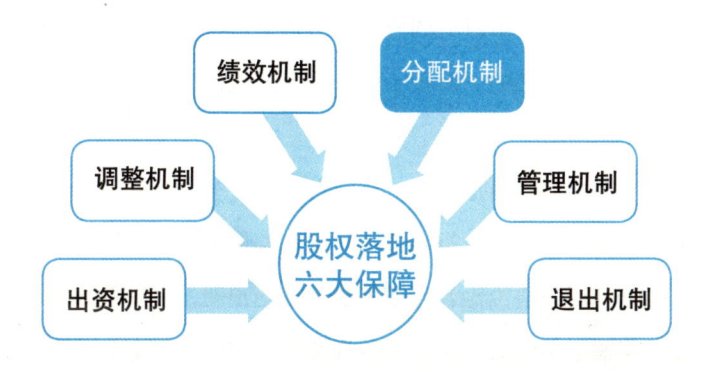

图 2-26　股权落地六大保障之分配机制

关于分配机制,一般企业比较关心的问题主要有以下几个:

- 股东分红多久分一次?
- 分红是否会影响企业的现金流?
- 现金不够分怎么办?市场环境发生变化的时候应该如何分红?
- 出现了亏损怎么办?

下面,我们将围绕以上几个问题来进行探讨。

股东分红多久分一次

股权多久分红一次,这个要依据公司的经营状况而定。一般情况下,大多数公司都是选择一年分红一次。

对于上市公司来说,只要在上市公司宣布分红的股权登记日仍然持有股票，就可以得到分红。多数上市公司都是年终分红，甚至也有按月分红的。而对于民营企业来说，分红是根据企业的盈利状况决定的。

在确定分红分期批次上，企业可以设定一个条款，比如：当年盈利达到预期，可以每年分红一次；如果盈利没有达到预期，可以将分红期限适当延长；如果盈利远超预期，可以将分红期限缩短，例如半年分红一次。在分红的频率上，不同企业可以设定不同的条款。

分红是股东的基本权利，但是很多企业采取虚拟股权的激励制度，员工可以根据拥有的虚拟股权参与企业的利润分配，这种分红的来源是企业的年终净利润的一部分。因此，股权分红并不意味着每年分一次，而是员工和企业共同进退，共享企业成长带来的利益。一旦企业没有了利润，分红自然也就没有了。

这一点，在实施股权激励之初，就应该设定具体的制度进行保障，避免员工将股权分红和年终奖"划等号"。

分红是否会影响企业的现金流

很多连锁企业的老板都曾经向我们咨询分红频率应如何设计的问题，很多老板对股权分红的频率感到头痛：分红频率过低，对员工的激励效果不明显，聊胜于无；分红的频率过高，又会影响企业的现金流，造成企业经营出现困难。

那么，这个问题该如何处理呢？

应该肯定的是，高频分红肯定会在一定程度上影响企业的现

第二章
股权合伙人之"四五六落地系统"

金流,还会增加财务成本,上市公司也不例外。一般说来,对于上市公司,如果在净资产收益率不及国债收益率的情况下,进行高分红对所有股东是有利的;对于净资产收益率高的公司,把现金留下用于生产经营对股东是有利的。

但企业是否可以以"股东分红会导致现金流不足,分红后影响公司运营"为理由,不给股东分红呢?我的回答是"不可以"。

其实,企业所赚取的利润并不是直接拿来分红的,还要先经过三个程序:扣税、弥补亏损、提取公积金。经过这三个程序之后,剩下的利润才可以用来分配。

在分配利润时,要留存一部分,作为公司经营周转资金;在进行分红发放时,可以将其分为两个部分:一部分即时发放,另一部分延迟发放或者递延发放。采用这种方式,一般可以达成三种目的:

- 加大员工离职和犯错的成本;
- 绑定员工;
- 进行二次激励。

另外我们还应注意一点,如果采用延迟发放的方式,设置的相应条件和年限不能过于苛刻。毕竟,其实这部分留存在公司的分红已经归属于员工。如果激励对象中途离职,那么留存的奖金需要按一定的比例退出,不可全部扣除。

龙湖地产推行合伙人制度。在进行分红时，公司从利润里提取一定的比例设置奖金池，在奖金池内，每个合伙人都会有相应的虚拟账户，其奖励金采取延迟提取的方式。合伙人不能一次性提取奖励金，在其任期内直至退休，每年都可以提取一定比例，可提取的额度与公司整体业绩密切相关。

如此一来，无论是员工奖金的获取还是提取，都与公司业绩相挂钩。

当然，龙湖地产之所以能够采取奖励金延迟提取的方式，与它的品牌影响力及公司实力是分不开的，也并非每一家公司都能采取延迟提取的方式。

现金不够怎么办

很多企业虽然在资产上以及账面利润上，都有着不错的表现，但是应收账款和存货却占比较高，因此在分红时，经常会出现现金不足的情况，那么，这时候应该怎么做呢？

管理好员工对分红的预期。不要只顾眼前利益而过分营造分红预期，要给自己留有余地，否则一旦承诺不能兑现，员工就会对企业失去信任。

在分红之前，提前制定好相应规则，以保障现金流的稳定与安全。例如，分红金额不能超过账面现金 50% 或者分红后公司现金不少于 X 万元等。

第二章
股权合伙人之"四五六落地系统"

市场环境发生变化的时候怎么分

"兵无常势,水无常形。"市场环境瞬息万变,所以在设计分红规则时,一定要留有足够的空间,不可过于绝对和刻板。

特事特办。分红规则中应该添加"如遇市场环境发生重大变化或公司实施重大投资项目,董事会有权决定是否分红及调整分红比例"的条例,将突发情况约定在发生之前。

与员工提前约定分红期限和期次。有些拟上市公司约定在上市之前不进行分红,因为分红会直接影响当期利润,影响股票定价和上市进程,因此,事先应与员工协商一致。

当下,全球范围内均遭遇了严重的经济危机,对各行各业产生巨大的影响,很多公司的业绩、利润直线下滑,对企业的盈利能力和现金流形成巨大的挑战。在这特殊时期,企业可与股东协商,制定特别分红机制,确保企业现金流充沛,企业能够正常开展生产经营活动,才是一切发展的前提。

出现亏损了怎么办

《公司法》第167条第5款规定:"股东会、股东大会或者董事会在公司弥补亏损和提取法定公积金之前向股东分配利润的,股东必须将违反规定分配的利润退还给公司。"因此,企业出现亏损的时候,要积极主动地承担责任,暂时冻结分配机制。

股权合伙人
Equity partner

管理机制：股权合伙人的长效机制

在《绩效合伙人》一书中，我曾经提到绩效合伙人制度要持续运转，必须有专人负责，我们需要在企业内部成立一个事业合伙人委员会。同理，股权合伙人要达到预期的长期激励的效果与持续发展，也需要在企业内部建立一套管理机制（如图2-27所示）。

图 2-27　股权落地六大保障之管理机制

落地管理机制的流程设计

在股东人数较多的情况下，如何落地管理机制呢？一般要经过以下几步：

推动公司尽快落地完善的公司文化体系，增强员工和管理层对公司的认同感和归属感，为实施股权激励打下基础；

建立股权激励小组；

制定草案，组织股权激励小组讨论；

第二章
股权合伙人之"四五六落地系统"

组织班子讨论，组织董事会讨论，初步确定方案，邀请重点激励对象发表意见，完善方案实施细节；

筹备实施工作；

推动管理机制落地，股权激励小组在落地过程中需全程监督，及时发现并解决问题，建立更加完善的管理体系。

在前文中，我们已经详细介绍了如何制定股权激励方案。在下文中，我们将重点介绍如何设计管理机构及如何进行管理监督。

管理机构的设计

我们有一位客户，他公司的合伙人委员会由五人组成，设会长一名，由老板担任，其他四人为合伙股东代表。合伙人委员会全权负责制定门店激励方案，对运营决策部门重大决策有参与权，对其工作有考核权。

在本案例中，合伙人委员会的存在相当于公司的股东会，由合伙人和股东代表负责门店激励方案的设计、管理和考核，合伙人和股东代表之间互相监督，保障了决策的公平公开公正。这种管理机构，在规模比较小的企业比较适用。在规模比较大的企业，可以专门设计一个股权激励部门（如图2-28所示）。

股权激励小组由管理层选举产生，具有独立的秘书进行管理。在该组织结构中，股权激励小组由股东会牵头成立，但实际上独立于股东会存在。这样的设计能够充分发挥该机构的作用，也能减少股东会可能对股权激励对象选拔的干扰，最大限度实现了公平、公开、公正原则。

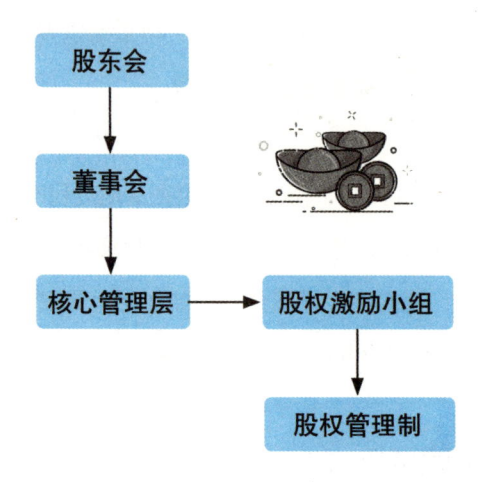

图 2-28　股权激励部门示意图

如何进行管理监督

对股权激励部门的监督,分为外部监督和内部监督两种方式。

1. 外部监督

外部监督也存在两种情况:具备独立监督部门的大公司和不存在独立监督部门的小公司。存在监督部门的大企业,监事可以直接行使对股权激励部门的监督权。不存在独立监督部门的小公司,则可以发挥人民群众的作用。公司可以设立股权激励奖惩机制,对提出有效建议的员工进行奖励,对违规违纪的员工进行处罚,奖罚分明。

2. 内部监督

在选拔股权激励小组成员时,应充分考虑吸纳不同层级、不同部门的员工。岗位不同、层级不同,利益也会有所不同。在激

第二章
股权合伙人之"四五六落地系统"

励小组内部最忌讳"一家独大",给予小组内部多个话语权,将对内部监督产生非常好的推动作用。

要想落实对股权合伙人模式的管理机制,必须抓好对企业内部和外部的管理监督。有效的监督能够提前发现隐患,利于企业风险管控。要想做好股权激励,必须将管理放在前面。

退出机制:不给好人犯错的机会

在实施股权激励的时候,没有约定退出机制,会出现什么情况呢?

对员工而言:员工在参与股权分配的时候,就会思考"股权能不能变成真金白银",没有退出机制,股权无法变现,员工就会觉得公司不可靠。而站在企业的角度,没有相应的退出机制,一旦企业需要回购股权或者更换合伙人的时候,就会陷入十分被动的局面。

所以,无论是从企业的角度,还是从员工的角度,都必须有相应的股权退出机制(如图2-29所示),这是对员工和企业的双向保障。

图 2-29 股权落地六大保障之退出机制

关于股权退出机制，通常涉及的问题包括以下几个：

- 股权退出的方法有哪些？
- 夫妻合伙企业，离婚后的股权退出方式有哪些？
- 合伙人中有人去世怎么办？
- 合伙人拿到的股权与其贡献不匹配，该如何处理？

下面，我们将围绕这几个问题进行探讨。

股权退出的方法有哪些

股权合伙，讲求的是志同道合的人聚在一起为理想而奋斗，其股权是所有合伙人与公司进行绑定，并通过长期服务公司而获得的。如果有某一合伙人退出并带走股权，这对其他合伙人是十分不公平的，而且也不利于公司的持续稳定发展，因此，必须设定相应的退出机制。

通常来说，股权的退出有三种方法：

1. 提前约定退出机制，管理好合伙人预期

约定合伙人在不同阶段退出公司后，应退回的股权，以及退回股权的相应方法。

2. 股权溢价回购

当股东中途退出时，公司回购股东手中的股权，其回购价格按照当时公司估值价格进行适当溢价。

3. 设定高额违约金条款

在股东协议中设定高额违约金条款，以防合伙人退出时拒绝公司回购其股权。

一般来说，股权激励的退出机制分为两种：主动退出机制和被动退出机制。

员工主动退出

主动退出机制是员工获得股份成为真正的股东之后，主动卖出股份获得收益的一种安排。主动退出的方法视公司具体情况而定，但一般分为两种：上市公司和非上市公司。上市公司与非上市公司的退出方法是不同的，如表2-27所示。

表 2-27 员工主动退出的两种情况

分类	举措
上市公司	员工直接在二级市场交易，卖出股份
非上市公司	企业设定相关的制度，溢价回购

员工被动退出

被动退出机制是指员工获得股份成为真正的股东之后，如果出现一系列特殊情况时，譬如违纪，在这种情况下股份的处理方式。

如果公司已经上市，那么股东可以在二级市场上自由套现。如果公司没有上市，且持有实股的情况下，没有约定退出实股的具体条款，就需要征得股东同意，说服对方主动退出，将股权留下。

如果员工离职了，股份也带走了，就会产生以下三种危害：

股东带走股份，不利于公司决策的制定和实施；

激励对象利用股东身份参与查账、了解信息，从而为自己开展事业提供帮助，这对企业是一个潜在的危害；

公司在进行股权质押融资时往往需要全体股东签字，此时股权掌握在离职人员的手里，往往造成公司决策的被动。

那么，合伙人出现违纪时，股权应该如何退出呢？

"先小人，后君子"，事先约定好退出机制，防范合伙人在违纪退出后带走股份的情况发生。例如：在退出协议中规定，股东发生如下情形之一的，公司有权自行取消其股东身份，无偿收回其股权，并不再发放当年红利；如给公司造成损失的，须向公司进行赔偿：

第二章
股权合伙人之"四五六落地系统"

1. 未满 × 年主动辞职的；

2. 未经公司董事会（或股东会）批准，擅自出售、质押、信托或以其他任何方式处分其持有的股权；

3. 严重违反公司规章制度的；

4. 严重失职，营私舞弊，给公司造成重大损害的；

5. 未经公司董事会（或股东会）批准，自营、与他人合营或为他人经营与公司业务相同或相似的业务的；

6. 被依法追究刑事责任的；

7. 根据《绩效考核管理规定》的考核，考核年度内累计三次月度考核为岗位不合格或者连续两个月度考核为岗位不合格；

8. 股东存在其他严重损害公司利益和名誉的行为。

合伙人退出时，该如何确定退出价格

合伙人退出，公司必然要进行股权回购，也就是"买断"。那么，如何确定股权的回购价格呢？我们认为，应该遵循两个原则：

"历史贡献"原则：在进行股权回购时，必须承认合伙人的历史贡献。对于退出的合伙人，公司可以按照一定溢价或折价回购股权全部或部分收回股权。该原则不仅仅关系到合伙人的退出，更关系到企业长远的文化建设问题。

"绩效成果"原则：进行股权回购时，需要首先分析公司具体的盈利能力，再确认回购价格。这样，既可以让退出的合伙人分享企业成长收益，又不会使公司遭遇巨大的现金流压力，还预留了一定的调整空间，保证了灵活性。

关于股权退出,我们给出了三种回购方式:

按照合伙人购买股权价格的一定溢价回购;

退出合伙人按照其持股比例,参与分配公司净资产或净利润的一定溢价;

按照公司最近一轮融资估值的一定折扣价回购。

夫妻合伙企业,离婚后的股权退出方式

近年来,离婚率越来越高。在企业家群体中,离婚是非常复杂且棘手的事件,因为这不但涉及财产的分配,甚至还可能关乎公司股权的变更。

2020年10月14日,信捷电气公告称,公司实际控制人李新的持股权益发生了变化。其中,因为与妻子离婚的缘故,李新所持部分股份被拆分。

据公告称,根据李新与刘婷莉签署的《自愿离婚协议书》,李新应将其直接持有的公司1686.72万股股份(占上市公司总股本的12%)分割过户至刘婷莉名下,自过户之日起上述股份归刘婷莉所有,这次分割的股份约占李新持股总数的34%。

对于李新而言,占上市公司总股本12%的股份被分割,将使得其持股比例大幅下降至23.1%,控制能力下降。截至2020年6月30日,信捷电气第二大股东邹骏宇持有公司股票2910.46万股,持股比例为20.71%。

第二章
股权合伙人之"四五六落地系统"

其与李新之间的持股比例差距已经不足5%。

在控制权岌岌可危之际,李新校友、公司副总经理过志强将自己的股份对应的全部表决权委托李新行使,有效期为三年;同时,公司第二大股东邹骏宇因个人资金需求拟自2020年11月2日起至2021年2月2日,通过集中竞价方式减持1%。李新惊险维持住了自己公司实际控制人的地位。

夫妻离婚并不稀奇,但是资本市场上大佬们闹离婚,可能就会引发公司实际控股权的变动。面对这类离婚带来的股权分割风险,我们建议企业参照土豆网的做法,要求公司核心创业团队与配偶签署"土豆条款",规定"配偶同意公司股权为创业者的个人财产,离婚时不做分割。但与此同时,也要认可配偶在婚姻存续期内的贡献,给予配偶一定的经济补偿"。这样一来,钱权分离,既可以保障离婚时公司的经营管理不受影响,也可以保障离婚配偶的权益。

合伙人中有人去世怎么办

合伙人中有股东去世,如果没有设计相应的制度,就需要按照《民法典》(继承编)进行操作。某人去世以后,遗产按照下列顺序继承:

第一顺序:配偶、子女、父母。

第二顺序:兄弟姐妹、祖父母、外祖父母。

继承开始后，由第一顺序继承人继承，第二顺序继承人不继承。没有第一顺序继承人继承的，由第二顺序继承人继承。

也就是说，当一个股东去世之后，他所持有的股份由其配偶、父亲、母亲、儿子、女儿等第一继承人平分，这等于公司增加了几个股东，会给企业的经营管理带来许多麻烦和隐患。

股东过多，这是很多投资人和管理团队都很恐惧的事情。为什么呢？因为法律给予股东大量的权利保护。这本不是坏事，但当涉及企业重大决策时，股东过多会严重影响公司内部的协调，其成本是相当高昂的。

例如，公司计划增资扩股，需要经过游说和组织，使控股权达到三分之二；还要说服有限责任公司的股东放弃其优先购买权，并签署协议，以确保新进投资人可以顺利获得股权。

这是一个需要不断协商的过程，其中交易成本颇高。所以，如果公司股东较少，经营理念一致的话，决策流程就较为简单。但如果其中一位股东去世，就会进入一堆新的股东。所以，设计相关的制度非常重要。

可以在公司章程里规定，如果股东离世，其股权将不按照相关法律规定来继承，而是由另外的合伙人给予去世股东的继承人一定的现金补偿，这一点是符合《公司法》中的相关规定的。

合伙人拿到的股权与其贡献不匹配，该如何处理

如果股东已经拿到实股股权，才发现其能力和贡献与股权不对等，一般来说是难以改变股权持有比例的，所以建议还是要在

第二章
股权合伙人之"四五六落地系统"

合作前充分考虑以下几点:

设定磨合期。合伙人之间先深度了解,经过磨合期之后再发放股权,这也是对双方负责。

预留期权池。初次分配股权时,不要一次性分完,预留较大一部分期权池,这样方便后期股权的调整。

设计股权分期成熟与回购的机制。以合伙人的贡献和表现为依据,兑现其股权的时候采取分期分阶段的方式,如果有的合伙人达不到预期表现,可不予兑现,或者打折兑现。这种方式可以对冲不确定性风险。

Chapter 3
第三章

"撸起袖子一起干":
寻找事业合伙人

股权合伙人
Equity partner

俗话说：三百六十行，行行出状元。每一个创业者也许都曾经梦想自己有朝一日能成为那个万众瞩目、受人敬仰的"状元"，踏上人生之巅。可现实是残酷的。古往今来，能够傲立巅峰者少之又少，而绝大多数人或因为才能不足，或因为机缘巧合，或因为命运多舛，终其一生都只能是碌碌无为，在滚滚红尘中蹉跎岁月，随时光老去，一辈子也难有什么值得一提的成就。

古人还曾说：一个篱笆三个桩，一个好汉三个帮。其实，我们的老祖先早已为我们指明了创业的道路和方向，那就是——合伙。只有互相支持、互相帮助，互相协作，我们的事业才能蒸蒸日上。各行各业无不如此。下面，我们就一起来了解一下有哪些典型的合伙人模式。

在上一章，我们了解了股权合伙人"四五六落地系统"，这一章我们一起来学习事业合伙人的十大模式。模式弄清楚了，再去寻找合伙人，撸起袖子加油干，事业就容易水到渠成。

事业合伙人的十大模式分别是：

- 项目制合伙人
- 店铺合伙人
- 经销商合伙人
- 加盟商合伙人
- 微商合伙人
- 裂变式合伙人
- 联盟制合伙人

第三章
"撸起袖子一起干":寻找事业合伙人

- 基金合伙人
- 事务所合伙人
- 资本合伙人

股权合伙人
Equity partner

项目制合伙人

德邦快递在2015年8月18日提出了事业合伙人计划,其理念是"蓝色梦想,创业在德邦",面向员工、员工亲朋及社会意向合作者进行项目合作,以实现网络的快速覆盖,更快速地满足市场的需求。

德邦为合伙人提供了三种支持:一是为合伙人提供贷款等全方位的创业资金支持;二是从理论与实际操作层面进行免费的最专业的培训支持;三是提供多种门店装修标准及施工支持。

德邦CEO崔维星致力于打造一个"折腾的文化",公司的新人一进入公司很快就会被派去加入一些项目,他们坚信培训不是"教练场"而是"PK场"。所以,他们"折腾"出了平均年龄26岁的高管团队,培养出了24岁的集团副总。

截至2020年,德邦的营收达到了275.03亿元,同比增长6.10%,公司事业合伙人一级网点共2624个。

第三章
"撸起袖子一起干"：寻找事业合伙人

在瞬息万变的市场环境下，企业面临着激烈的竞争。如果员工依旧按部就班，企业可能会随时面临覆灭的风险。在新的经济形势下，要维持企业的生存和发展，如何激活企业内部的人才就成了一大关键因素。

要激活企业内部的人才，首先要做的是把钱算清楚，对此很多企业采取了项目制合伙人模式。项目制合伙人，是企业根据项目需要从公司各个部门选取工作人员组成项目组，共同承接某项目的组织模式。其中，承接的项目有两种：一是外部用户的产品定制化项目，二是企业高层的重点自研项目。

对项目制合伙人模式来说，有三个重要原则：第一，严格的筛选标准；第二，完整的进入和退出机制；第三，明确投资和收益的分配。

严格的筛选标准

挑选项目合伙人，一定要制定严格的筛选标准。因为合伙人作为项目终极责任的承担者，直接影响着整个项目的成与败。

项目制合伙人要满足四个条件：

第一，志同道合。合伙人之间离心离德，犹如夫妻之间同床异梦，最终结果将是项目的分崩离析。只有志同道合者才能同舟共济。心往一处想，劲往一处使，当所有人都奔着同一个目标前进的时候，项目才能成功，企业才有光明的未来。

第二，优势互补。合伙人之间的专业能力要互补，组成黄金

股权合伙人
Equity partner

搭档，共同抵御项目中的各种风险。

第三，人尽其才。合伙人不能只谈钱，更重要的是要出力。合伙人既要有较强的业务能力，可以独立带领团队在预定期限内完成项目目标，也要拿出破釜沉舟的勇气，放手一搏。

第四，共担责任。合伙人要勇于承担责任，彼此之间互相信任，从而在项目组中形成一股合力，提高整个项目的工作效率，促进目标的达成。

进入和退出机制

对项目制合伙人来说，完整的进入和退出机制尤为重要，在进入机制方面，合伙人想进入项目，需要经过三个步骤：

第一，向企业提交申请，经过企业审核；

第二，视企业情况，缴纳一定的合伙金；

第三，签订合伙人协议。

在合伙人协议中，要解决两个根本问题：一是如何利用一个合理的股权结构保证创始人对公司的控制力；二是通过股权分配帮助公司获取更多资源，包括寻找实力雄厚的合伙人和投资人。

在退出机制方面要界定合伙人退出、终止的条件，只有符合条件的人企业才允许其直接退出或者终止合伙人协议，这需要解决三个问题：

第一，提前约定退出机制，管理好合伙人预期；

第二，股东中途退出，股权溢价回购；

第三章
"撸起袖子一起干"：寻找事业合伙人

第三，设定高额违约金条款。

明确投入和收益

保障合伙人的权益，这是合伙人制度能够成功实施的最为关键的因素。很多企业实施合伙人制度最终失败，最根本的原因就在于它们的投入和收益并不明确。

作为企业的合伙人，不但要付出努力和激情，还须投入一定的资金。只有付出金钱之后，合伙人在工作时才会意识到是在为自己做事，而不是在为老板打工。此外，企业要将协议书上的承诺全部兑现，让合伙人切实感受到经过努力之后可得到的回报。

项目制合伙人的收益来自两个部分：一是工资收入，二是额外分红。当合伙人完成企业的经营目标时，可获得工资，这是他正常工作的回报；当合伙人超额完成经营目标时，对于超出的部分，可以按照投入比例享受额外分红。合伙人的收益都是企业增值部分的收益，即项目的收益。这种收益方式，既可以体现合伙人的自我价值，也可以体现合伙人制度的激励作用。

在项目制合伙人模式中，企业与员工之间不再是传统的雇佣与被雇佣的劳资关系，而是转变为共同创业的合伙关系：企业投入自身品牌和资金，员工投入个人劳动、技术、知识。

企业与员工关系的变化将会带来以下两方面的影响：

一方面，过去企业之间的跨部门沟通总是会遇到各种各样的障碍，这就造成了对市场变化的反应和应对比较迟钝，往往会错失良机，给企业的经营管理带来诸多困扰。项目制合伙人来自企业各个部门，他们可根据项目需要协调所在部门的资源，这就消除了过去"部门墙"引起的困扰，大大提高了工作效率。

另一方面，员工收益与项目收益直接挂钩，这将极大提高员工的工作积极性和创造性。他们将完全摆脱打工者的心态，以经营者的身份主动解决项目中的各种问题，实现自我经营，获取经营红利，并在项目不断向前发展推进的过程中逐渐实现自我价值。

当下，市场竞争日益激烈，行业法规不断完善，也正是基于此，项目合伙人模式的出现真正使项目双方实现了利益共享，风险均担，同时使资源分配更加合理，极大地推动了项目进度。

第三章
"撸起袖子一起干"：寻找事业合伙人

店铺合伙人

一家餐饮企业，针对店长制定了这样的股权激励模式：

所有店长考核成绩排名靠前的，可以获得"身股"收益，这部分不用投资，是完全的分红，该比例为3%。

如果店长培养出了符合考评标准的新店长，就可以升为小区经理，并可以在新店长的店投资入股5%。如果一名店长培养出了五名符合考评标准的新店长，则可以成为区域经理，开新店时可以在新店投资入股8%。如果店长成为片区经理，可以独立负责选址经营，可以获得新店投资入股20%的权利（如表3-1所示）。

在该餐饮公司，股权与公司的业绩、人才培养紧密联系在一起。对业绩突出的店长进行股权激励，能够极大地调动店长的工作积极性；对为公司成功输送人才的店长进行激励，则能实现"将员工和公司利益统一"的目标，能够最大限度留住人才，可谓一举两得。

股权合伙人
Equity partner

表 3-1　店铺合伙人股权激励模式

激励对象	激励模式
优秀店长	店长考核成绩排名靠前,可获得干股收益 3%
小区经理	培养出符合考评标准的新店长,可以在新店长的店投资入股 5%
区域经理	培养出五名符合考评标准的新店长,则成为区域经理,可以在新店投资入股 8%
片区经理	可独立负责选址经营,获得新店投资入股 20% 的权利

店铺合伙人制度在零售行业及服务业特别受欢迎,目前已经成为零售行业较为热门的合伙人模式之一。

店铺零售的显著特征有：基层员工多、管理难、成本高、离职率高等。店铺的基层员工的工作状态、工作热情、服务品质,会直接影响到顾客的购买率、满意度,进而影响企业的口碑。

传统的激励模式——提成、奖金等,很难满足店铺发展的需要。因此,越来越多的零售品牌选择了店铺合伙人模式,将店长乃至终端导购（服务员）变成自己的合伙人,从而激发员工的主人翁精神,提升服务品质。从实践来看,当前操作得当的一些企业,均取得了不错的效果,西贝餐饮和永辉超市都是店铺合伙人模式的标杆。

对店铺合伙来说,有三个需要注意的事项：第一,单店盈利标准；第二,新店铺的人才培养；第三,店铺合伙人与公司合伙人之间的绑定机制。

第三章
"撸起袖子一起干"：寻找事业合伙人

确定店铺激励对象

我的一个客户几年前开了一家餐厅，之后相继开了多个新门店。他们所有的新门店都是采用合伙人模式，每个合伙人都持有门店的股份，而我的客户则是门店的大股东兼投资人。关于合伙人，他坚持三条标准：一是从基层做起的老员工；二是在这家餐厅有着多年工作经验的员工；三是有一定的创业能力。

店铺合伙人模式属于上文中我们所讲到的平台持股的一种，就是企业和员工共同出资来成立一家符合运营条件的店铺（通常是企业出大头，员工出小头），由合伙人负责日常运营，店铺盈利按照比例分成。

店铺合伙人模式与传统提成模式的差别在于合伙人制度下员工的收入直接跟店铺的盈亏挂钩，合伙人和企业利益共享、风险共担，工作积极性自然大大提高。

店铺合伙人模式与加盟模式其根本区别在于合伙人模式下店铺依然是企业直营，合伙人依然是该企业的员工，遵守该企业的制度，接受该企业的各种考核，店铺与企业的关系更加紧密，管理上也更有保障。

在确定店铺合伙对象时，应该考虑以下三个方面：

第一，基于当前的组织架构考虑。凡是中心负责人、部门负责人都应纳入股权激励的范围，例如店长、店助等。

股权合伙人
Equity partner

第二，基于五年以后的组织架构考虑。考虑到公司五年后的组织规划，为今后进入的人才"预留位置"。

第三，基于公司的发展战略考虑。激励企业上下游、激励投资者、激励"明日之星"等。

总的说来，店铺合伙人要做到"三有"：有单店盈利能力，有人才输出能力，有店铺裂变能力。

退出机制的设定

开店铺需要投入大量的人力和财力成本。当我们精力有限时，会选择与他人合伙。那么，如果合伙人想要撤资，应该怎么办呢？

对此，我们可以参考百果园的案例。

百果园目前拥有门店4500多家，年营业收入达到60多亿元，公司估值达85亿元，市场份额在水果零售业位居行业第一位。

百果园能从水果零售行业中脱颖而出，归功于百果园全新的商业模式。它采用"平台＋合伙人"模式，即公司做平台，员工做创客，让店长成为投资主体，并负责店面经营。

百果园对于亏损或者经营利润偏低的门店，给予基础的分红保障。这一政策对于拿钱开店的员工来说，无须担心经营风险，亏损补贴政策和基础分红保障能

第三章
"撸起袖子一起干"：寻找事业合伙人

刺激门店投资方放心"投入"。

在百果园的店长合伙制模式中，最重要的就是他们的动态变化退出机制。百果园门店店长的股权是动态变化的，可进也可退。店长股权退出时，店长早期投入的资金原数返还，同时还可以一次性获得门店分红收益的三倍补偿。

百果园的动态股权进入与退出机制，既能让更优秀的员工冲锋在市场一线，提升门店拓展成功率，又给予了店长退出的利益保障，让合伙人免除后顾之忧，是非常优秀的商业模式。

当面对合伙人退出时，应考虑到以下三点：

按协议规定退回合伙金，给予利息补偿；

考虑新的合伙人加入给予补充；

无论是退出合伙人的份数，还是预留未分配出去的份数，其收益最终归公司所有。

百果园的动态股权退出机制就充分考虑了这三点，为企业落地店铺合伙人模式树立了良好的典范。

利益分红模式

那么，店铺合伙人如何进行利润分红呢？下面，我们仍以百果园为例。

股权合伙人
Equity partner

百果园的门店采用店长合伙制，投资方分别为片区管理者、大区加盟商和店长，店长占股80%，主要负责门店的经营工作；片区管理者占股17%，主要负责片区门店的管理；大区加盟商占股3%，主要负责门店的选址。百果园不出资，不占股，不收加盟费，无商品差价，主要负责连锁系统的管理、运营、人才输出、品牌运营、人员培养、培训、门店运营等工作。

与其他传统连锁企业不同，百果园打破了传统的连锁行业盈利模式，百果园不收加盟费，无商品差价，仅收取门店利润的30%作为收益。门店利润的70%则按照相应的股权比例分配给店长、片区管理者、大区加盟商。

百果园不依赖商品的差价赚钱，它的主要收入来源为各个门店的利润分成，打破了传统的连锁企业盈利模式。传统的连锁企业的主要盈利来源大多为加盟费、技术服务费、原材料供应的差价、品牌使用费等，主要利用的是公司的品牌效应，加盟店的扩张受限较多。

实施合伙制后，百果园与员工合伙，员工实际成了门店的投资者，因此工作的目标从"拿固定工资"变为"在努力为自己做事情的过程中享受相应的收益"，最大程度激发了员工的潜能和积极性。

从百果园的角度来看，店长合伙制解决了开店资金投入的问

第三章
"撸起袖子一起干"：寻找事业合伙人

题，还可以通过员工管理实现自上而下的一致性运营，充分激发员工的工作积极性，提升门店运营效率，降低门店运营成本。

股权合伙人
Equity partner

经销商合伙人

在很多企业中,越来越多的经销商名存实亡,究其原因,有以下五点:

第一,过于依赖厂家。关于进货、做活动、发工资、跑业务等完全依赖于厂家的支持。

第二,缺乏售后服务意识。既没有专业的售后服务人员,也不愿意外包,遇到客户抱怨就将责任推卸到厂家身上。

第三,不积极主动,空想馅饼。他们只是空等品牌自然成长,而不去了解市场动向,累积品牌价值。他们想法很多,但是并不能落实到具体的行动之中。

第四,把经营不善的责任归咎于市场和品牌。经营不善,没有客户,就抱怨市场不好。销售情况不好,从来不从自己身上找原因,一味更换产品品牌,这其实是一种资源的浪费。

第五,缺乏合作意识和清晰的思路。不与别人协商,而是自己默默去做,但是却没有清晰的思路。

现在越来越多的企业选择破除与经销商传统的代理关系,而转变为合伙关系,如创维集团就堪称其中的标杆性企业。

第三章
"撸起袖子一起干"：寻找事业合伙人

作为创维集团首位80后掌门人，王志国2018年接手创维的第一步，就是要"改变"。

"整个家电行业都面临巨大困难，彩电是最困难的一块。"王志国表示，"很多人进入彩电领域，挑战价格底线，这对经销商、供应商和生产商都不利。"

2018年11月，创维-RGB董事长王志国宣布创维实施经销商合伙人制，在配件收入、内容受益分享、资本增值三个方面进行内容分成，价值共享。

创维实行的是典型的经销商合伙人模式。

经销商是经营某种产品的商户，他们实际拥有产品的所有权，通过自己的经营获得利润。通常，他们从企业购买货物并不是自己使用，而是转手再卖出去。他们关注利差，而不是实际的价格。企业对他们不是赊销，而是需要直接用资金购买。这个商是指商人，也就是一个商业单位。所以"经销商"，一般是指企业。

经销商是连接生产企业与消费者的桥梁，也是企业最重要的合作伙伴。他们的存在对企业的发展起着举足轻重的作用。

创维的经销商合伙人，能享受到三重价值共享权益，即首次收益、后续分成带来的持续收益和股权资本收益，与创维结成牢固的价值共同体。这三重价值权益能在很大程度上调动合伙人的积极性，让经销商更主动地与消费者进行沟通交流，使更多潜在消费者成为创维电视的用户。

对经销商合伙模式来说，有两个问题需要注意：第一，合伙人的选择标准；第二，如何构建新合作模式。

合伙人的选择标准

对于企业来说，经销商的质量比数量更为重要。那么，企业应该选择什么样的经销商作为合伙人呢？我们认为，作为经销商合伙人需要满足以下七个要求：

1. 注重人才培养，组建经销商团队；
2. 目标清晰，知道如何制定计划并一步步达成最终目标；
3. 通过持续不断地生产经营活动，逐渐形成一个生态链；
4. 注重细节，比如店铺形象和代理商的形象；
5. 售后服务意识强，有专门的售后服务人员和专业的仓库，执行能力强；
6. "向钱看，向厚赚"，重视利润来源点；
7. 多听多做，默默发力；受挫能力强，能够长久坚持与企业的合作。

经销商与企业是相辅相成、共同发展的关系。把经销商发展为外部合伙人，能够有效地促进双方的通力合作。经销商不用投入任何资金，而是通过销售额来获得期股比例。在这种模式下，总销售额完成的比例越高，那么经销商所获得的期股比例也就越高。经销商的利益与其销售额挂钩，能够大大提高其积极性，将培育市场当成自己的事情来做，这样双方才能寻找到利益共同点，企业的发展才能水到渠成。

第三章
"撸起袖子一起干":寻找事业合伙人

构建新合作模式

创维的每一位经销商都是创维旗下品牌酷开的合伙人。通过差异化产品支撑高硬件利润,合作伙伴既可以得到硬件销售收益,还能长期分享电视系统中的内容分成,更有销售终端产品的配件及会员充值、电视购物等衍生品增值收益。创维将拿出10%的内容收益与经销商分成。

资本增值分享计划则是指在2019~2020年,如果酷开注册用户超过1000万,创维将拿出10%的股权授予合伙人中的杰出贡献者。

创维的此次变革将硬件与运营紧密结合起来,以技术驱动硬件,以合伙推动营销,这将极大地推动创维获得新的收入和利润增长点。

经销商合伙人模式带来的是新的合作模式,那么,如何将可信赖的经销商培育成企业合伙人,将合作区域市场打造成企业"根据地",建立新的合作模式呢?我们认为,需要围绕以下八个方面进行:

1. 坚持共享利益、共担风险,发挥各自优势,共同成长的指导原则;

2. 坚持发挥经销商在资金、人脉、物流等领域的优势和企业在团队、思路、模式等方面的优势;

3. 确定双方在人力、物力、财力等方面的投入和利益分配方案；

4. 企业负责提供思路、方案等，经销商协助提供资金、人脉、物流等支持，共同开发新市场；

5. 建立一套标准化的工作流程，知道每天应该"做什么""谁来做""怎么做"；

6. 设定标准化工作目标，提前对"占领一个市场需要投入的人力、物力和时间"进行规划；

7. 通过定期召开用户座谈会和产品推广会，拉近与消费者的距离，了解消费者需求；

8. 角色分工明确。企业为模式缔造者和方案推广者，经销商为企业代言人。

那么，这种把经销商发展为外部（生态链）合伙人的商业模式对合作双方有哪些好处呢？

无资金投入

不需经销商投入资本金，通过销售额来获得期股比例，在本案例中是前100名的经销商。

做大增量

所有经销商做大股权激励的蛋糕，总销售额完成比例越高，获得的期股比例越高。

第三章
"撸起袖子一起干":寻找事业合伙人

多劳多得

单一经销商通过不断扩大自己在经销商队伍中的份额,获得的期股比例就不断提高,这能有效地提升所有经销商的积极性。

综上所述,经销商合伙人为我们带来了一种全新的合作理念,它将产销双方的利益进行了深度捆绑和标定,实现了双方合作基础的最大化,促进了产销链条的良性发展。

股权合伙人
Equity partner

加盟商合伙人

海澜之家号称"男人的衣柜",近几年知名度越来越高。这家男装品牌成立于 2002 年,如今市值已经超过 500 亿元。

海澜之家之所以获得迅速发展,与其推行的合伙人模式密不可分,它运用合伙人理念,与其加盟商和供应商合伙创业,最终实现企业快速发展的目的。海澜之家的店铺租金、人员工资、装修都由加盟商承担,但加盟商不介入店铺的管理,店铺运营的核心部分仍旧掌握在海澜之家手中。

它采用了全托管的特许模式,所有加盟门店的销售、管理都由海澜之家专门的管理团队负责,加盟商无须操心,加盟商只需要投资,然后坐等收钱即可。而海澜之家通过这种方式募集了大量现金,然后用这笔资金继续扩张,并且用其低价优势,快速抢占三四线城市线下市场。

第三章
"撸起袖子一起干":寻找事业合伙人

海澜之家的加盟商合伙人模式有以下几大特点:

1. 设立新门店时,加盟商全权出资,承担房租和日常运营费用;

2. 加盟商拥有加盟门店的所有权,但没有经营权,不参与门店管理;

3. 门店中的所有商品归海澜之家所有,可以将卖不掉的产品退回海澜之家总部,加盟商不必承担产品滞销的风险;

4. 完成商品销售后,加盟商与海澜之家按照一定的比例进行分成;

5. 所有加盟店统一采用全国联网的 ERP 系统。

通过引入 ERP 系统,使海澜之家对于加盟商的运营管理情况有了更强的把控能力:其一,能够迅速掌握产品在全国各大门店的销售情况,并对此进行详细分析,这样便于加盟商快速应对市场变化,进行补货、调货;其二,能够有效控制成本,成衣销售的价格也有所下降,促使产品销量得以进一步大幅增长。

下面,我们看一下海澜之家加盟店的投资费用表(如表 3-2 所示)。

加盟商要加盟海澜之家,首先要投资 100 万元作为店头装饰和员工培训的费用,还要再缴纳 100 万元作为保证金,合同期限为五年。

海澜之家的加盟商合伙人模式,其实是一种由加盟商出钱,海澜之家代为运营的模式。

表 3-2　海澜之家加盟店的投资费用表

加盟区域	省会城市直辖市	地级城市	县与县级市	经济发达的乡镇
店铺面积	500 ㎡	400 ㎡	300 ㎡	200 ㎡
装修费用	1200 元/㎡	1000 元/㎡	950 元/㎡	850 元/㎡
员工工资	3500 元/月（12人）	3000 元/月（10人）	2500 元/月（8人）	2000 元/月（5人）
首批货款	50 万元	40 万元	30 万元	20 万元
货架费用	20 万元	18 万元	15 万元	10 万元
房租	6 万元/月	4.1 万元/月	2.1 万元/月	1 万元/月
流动资金	20 万元	15 万元	10 万元	5 万元
总投资（年）	272.4 万元	180.2 万元	132.7 万元	76 万元

（注：此投资费用为预估，仅供参考，具体以实际产生为准）

海澜之家的供应商合伙人模式如下：

海澜之家采用的是一种 OPM 战略。在供应商一端，海澜之家采用赊购购买商品，完成销售后再结转收入，滞销商品可退回给供应商。

虽然品牌的库存风险一直居于高位，但是供应商仍然愿意承担相应的风险，原因就在于海澜之家完善的合伙人模式。在这种合伙人模式下，海澜之家还专门开辟了清理库存的品牌和渠道，供应商还能参与分红作为利润支撑。

接下来，我们将详细介绍一下供应商合伙人模式的两大优势。

1. 对供应商而言，虽然大量的订单降低了单件的利润，但是

第三章
"撸起袖子一起干"：寻找事业合伙人

销售渠道得到了有效保障，销售额得到有效提升，总利润也会相应提升。另外，背靠大树好乘凉，作为国内知名品牌的供应商，有海澜之家为其背书，也能够帮助供应商吸引更多订单，有助于企业快速发展。

2.供应商合伙人模式明确风险和收益共担，供应商不必担心海澜之家违约的风险，海澜之家也能规避产品供应来源被切断的风险。这是合伙人制能获得成功的关键环节。而对于加盟商合伙人模式和供应商合伙人模式来说，最关键的就是如何选择加盟商和供应商。

如何选择加盟商

对于加盟商来说，不需要任何经营经验，只要投入资金和其他管理费用，便可坐等收益。而通过对加盟店采取合伙人模式，海澜之家顺利解决了企业迅速扩张急需的资金问题，实现了企业规模的快速扩张，如今海澜之家的门店已经突破6000家。

那么，这是否意味着，在选择加盟商时只要对方有充裕的资金就可以了呢？

显然并非如此。现在大量加盟商鱼龙混杂，有很多都是打着加盟的幌子招摇撞骗。因此，选取加盟商时一定要经过严格细致的考察。

海澜之家在选择加盟商时有以下要求：第一，要

股权合伙人
Equity partner

准备一间大概 200~500 平方米的店铺，位置应在加盟城市的一类商圈；第二，投资资金至少为 76 万元；第三，认同海澜之家品牌的价值，具有良好的投资心态和开拓意识；第四，有足够的运作资金，能够承担房租、装修费、设备费、材料费等加盟所需的各类费用。

我们在选择加盟商时，可以参照海澜之家的加盟要求，对加盟店铺进行实地考察：首先，考察加盟商的经营资质，如商标、特许经营备案、执照、税务登记等；其次，考察加盟商的实地办公以及直营店和加盟店状况；最后，还要对投资周期和预期收益等因素进行综合考察。

第三章
"撸起袖子一起干"：寻找事业合伙人

微商合伙人

我的一位咨询客户是一家日用品经销店的总经理，他在几年之前成为一叶子的代理商，成了一叶子品牌的合伙人。

一叶子品牌诞生于 2014 年，是上美集团旗下的一款护肤品牌。该品牌创立之后发展极为迅速，不到两年时间便在面膜市场销量跃居全国第一。

2017 年，上美 15 周年中原峰会在郑州隆重举行。该峰会由上美公司牵头、河南 CS 渠道的九位代理商联合举办，最终取得了圆满成功。通过这次峰会，不仅大大提升了一叶子的品牌影响力，也使代理商们拓宽了自己的客户渠道。

随着科技与互联网的迅猛发展，各企业间的竞争也日趋激烈。为了拓宽发展渠道，众多商家纷纷采取合伙赚钱的方式，一叶子品牌采用的便是微商合伙人模式。

微商合伙人模式是依托当下火热的微商模式进而探索出的一

股权合伙人
Equity partner

种新型销售模式。通过优势的产品合伙人价格，依靠积累用户口碑，削减卖场、电商平台等环节，将微信粉丝不断转化为自己的合伙人。而合伙人则负责分享产品信息到朋友圈，其好友点击链接进行购买后，该合伙人便可获得产品销售提成。

此外，每名合伙人还可进一步发展下线营销人员，下线取得了销售业绩，该合伙人也可获得一定的提成。通过这种模式在微信群中形成了一种病毒式的扩散销售，将每个人都变成自己的合伙人，进而极大地促进了产品的销售量。

目前，零售业已形成一套成熟完善的微商合伙人模式，众多知名企业，比如苏宁、美的、国美等，都开始采用微商合伙人模式。

如何选择微商合伙人

京东旗下的拍拍网正式对外宣布，将投入1亿元公开招募10000名微商合伙人，正式布局以人为核心的移动社交电商生态网络，进一步规范微商经营模式。

成为微商合伙人之后，拍拍微店将通过平台遴选出最新款和最优质的商品免费提供给合伙人试用，合伙人则可以通过各种途径分享给自己的朋友，一旦成交，拍拍微店将给予合伙人返利奖励。

拍拍微店表示，在试运营期间，拍拍微商合伙人首批预计招募名额为10000个，并优先考虑各大电商平台的购物达人和分享达人，普通消费者可在1月6

第三章
"撸起袖子一起干"：寻找事业合伙人

日至 8 日期间通过拍拍网首页进行预约，1 月 9 日将开放限量申请。

通过以上案例，我们发现微商合伙人的遴选有别于其他合伙人模式。微商主要依靠自身的"流量"带动销售额的增长，所以资金的多寡对选择微商合伙人的意义并不大。那么，应该如何选择微商合伙人呢？又应该选择什么样的合伙人呢？

第一，选择业绩优异的合伙人。

将每个月销售业绩优异的人遴选出来，然后进行重点培养、重点辅导，给予特殊政策倾斜，激励他们加速发展，获得更高的收益。

这样便可以形成标杆效应，他们的成绩越卓越，团队里的其他成员进步的动力就会越强：同在一个团队，别人可以一个月收入 100 万元，我只要努力向他们学习、模仿他们、超越他们，我也有希望赚到 100 万元。

第二，选择有管理能力的合伙人。

这其中既包括现有各个下级团队的负责人，又包括其他有管理能力的成员。这些人可能现在只能管理几人、几十人，但将他们遴选出来进行重点培训和扶持，提高他们的业务能力和管理能力后，他们就能逐渐掌握管理几百人、几千人，甚至几万人团队的能力。

第三，选择对整个团队发展有长远规划的人。

他们需要在某些方面拥有专家级水平，能够准确把握微商市场发展趋势，或者擅长管理，或者擅长市场策划和销售。他们经验丰富、能力较强，一般来说是团队的创始人或合伙人。如果一支团队还不够成熟，最好能够外聘几位微商行业或是相关领域的专家提供辅助。这些专家在团队发展战略决策中可以发挥巨大作用：和哪些品牌进行战略合作、团队采用什么样的运营架构、团队内部运营的流程如何规划、产品的定位和发展方向等等。

虽然他们可以提供重要的参考意见，但大家千万要记住，做出最终决策的必须也只能是我们自己。

微商合伙七大特点

微商合伙人共有七大特点。

员工不用出钱，就可以成为老板

一家门店的员工要成为合伙人，门店只需分给员工一家微商城即可。

员工无须出资搭建平台或者进货。

员工晋升为合伙人，以一种创业者的心态工作，更能激发其工作积极性，主动拓宽销售渠道，不断挖掘客户资源。

第三章
"撸起袖子一起干"：寻找事业合伙人

准入门槛低，顾客、粉丝都可以成为合伙人

运营模式完全开放，合伙人对象不局限于员工，顾客、粉丝只需在公司线上品牌商城注册会员就能成为合伙人。

合伙人通过微信朋友圈等方式分享产品链接，一旦销售成功，企业就会给该合伙人发放销售提成。

合伙人只需一次推荐，可终身享受佣金

每个合伙人都拥有一个微信平台专属二维码。

顾客扫描二维码之后便可成为企业粉丝，其在该线上平台所有交易都视为是该二维码对应合伙人的销售业绩，该合伙人均可以从中拿到相应提成。

利用自己的专属二维码，该合伙人可以进行相关品牌和产品的宣传，进一步提升自己的粉丝数量、不断获得销售提成等。

扩大微商在朋友圈的影响力

微商合伙人一般都拥有十分专业的知识和销售技巧，他们通常都可以告诉客户应该如何挑选适合自己的商品，同时也可将自己对产品的使用体验撰写成营销文案在朋友圈进行分享和推广。这种营销模式使他们很容易成为意见领袖，进而不断增强吸引潜在客户的能力。

产品购买突破时间和空间的局限

服务对象不再限于到传统的店顾客，顾客在门店内扫描合伙

人二维码之后，合伙人可以随时为其提供相应的咨询服务。

销售的产品不再限于门店内的商品品类和门店的库存。

顾客可以自由选择线下门店和线上商城，随时随地自由购买。

三级分佣，级别不同佣金不同

微商企业实行"三级分佣模式"之后，在此模式下，按照销售业绩，合伙人可分为不同的等级，如铜牌销售员、银牌销售员、金牌销售员等。

每一级的销售员所享受的佣金水平各不相同，级别越高，佣金比例越高，其激励效应也不断增强。

人才流失率低

采用微商合伙人之后，店员离职"退出成本"十分巨大，因而雇员不会轻易选择离职，这样也可以从侧面降低企业的人才流失率。

即便店员离职后也可继续保留其合伙人身份，在企业线上商城获取佣金，且不会影响到店铺的正常运营。

当下，在国家和各级地方政府的大力支持下，以微商为代表的各类小微企业如雨后春笋不断涌现，其发展势头良好，对各个行业的影响力不断增强，已经引起了全社会的广泛关注和重视，需要我们进一步做出深入的探索和思考。

第三章
"撸起袖子一起干"：寻找事业合伙人

裂变式合伙人

芬尼克兹科技公司的老板宗毅，是一位网红式的企业经营者，他曾经出版过一本书叫《裂变式创业》，书中详细讲述了他所推崇的裂变式创业模式。

短短几年间，芬尼克兹科技公司净资产增长260倍，年均增长率为44.8%，这样的增长速度，被业界用"超速"来形容。这种"超速"背后的力量就来源于合伙制。

宗毅是合伙制的大力推动者，他认为一家企业之所以能够领先众人一步，首先就在于其制度领先。同时，他也把自己成功的大半都归功于合伙制。他说："因为这项制度，我10年创办了13家公司，还能解放自己，参加'80天环球活动'，过上'有钱又有闲'的生活。而99%的中国企业家没有生活，只有活着。"

合伙制+"裂变式"创业

在被问及"为什么要搞合伙制"时，宗毅讲了一个故事：

股权合伙人
Equity partner

"2004年,我们公司的一名高级总监提出辞职,虽然我开出了优厚的条件挽留他,甚至愿意拿出股份,但是他仍旧头也不回地走了。后来我才知道,他离职后,开了一家跟我一模一样的公司。"

停顿了几秒,宗毅接着说:

"他提出离职的时候,我很紧张,也很恐惧。他知道你所有的秘密,你的成本、你的售价、你的客户,甚至你做过的坏事,因为当时都是我们一起去做的。现在他要走了,肯定在外面找好出路了,这时候再给什么优惠的条件他也回不来了。那时候,我就在想怎样才能创造一个系统,让公司的创业人才留下来。在员工还没有离职打算的时候先给他一个'坑',让他跟着我们一起创业,不能等出了问题再去想办法。"

这件事给了宗毅一个深刻的教训,要想留住人才,仅凭工资和奖金是远远不够的,必须用股权把他们跟自己绑到一条船上。同时,股权合伙人模式还要越早落地效果越好,绝不能等别人要走时才想起来采取行动,那时即便开出再优越的条件也为时已晚。

如何实施合伙制呢?宗毅开始探索新的企业管理方式。经过不断的摸索,他终于探索出一条"资金投票选总经理,员工自愿投资成为股东"的合伙人模式,宗毅将这种方式称为"裂变式"

第三章
"撸起袖子一起干"：寻找事业合伙人

创业。

"别自己出去创业了，公司给枪、给炮、给子弹，只要你够牛，就可以搭建团队内部创业。"

后来，宗毅经常这样跟员工说起他的创业理念。

选人——向"钱"看齐

"裂变式"创业最重要、最激动人心的环节无疑是选择创业带头人的过程。选择合伙人时，择人非常重要。那么，应该怎样选出创业带头人呢？想找到答案，自然少不了分析一下芬尼克兹内部创业大赛的三大特点：

1. 不打分，只投钱，谁获得的投资金额最多谁胜出；
2. 赛场内没有评委和观众，只有具有投资资格的公司员工，他们可以任意选取欣赏的竞选人进行投资；
3. 必须拿出真金白银兑换，否则从工资中扣除。

宗毅曾经为这类比赛设计了一个选票环节，选票上只有三行字：

- 你选谁？（例如：小王）
- 投他多少钱？（例如：5万元）
- 签上投票人的名字。

股权合伙人
Equity partner

这是对"裂变式"创业的一个微创新。其具体评选方法如表3-3所示。

表3-3 "裂变式"创业合伙人评选方法

序号	评选方法
1	有投资资格的人只能投一票,投资额度根据职位高低设定上限
2	员工填写在选票上的投资金额如果不兑现,就按其上一年年收入的20%处以罚款
3	投资的人选与PK胜出者不符时,有权修改人选,但只能排在候选,不保证有资格投资,同时投资比例需要打折
4	竞选人及竞选团队要申明其个人投资额度,带头人投资要超过首期投资的10%以上,自己不投资不得参加内部创业大赛
5	获得投资额最多者获胜

用资金进行投票时,大家通常会考虑两点:一是竞选人的品行;二是竞选人的经营能力。

这样的选举方式可以达到三个目的:第一,选出来的人德才兼备,更能担当大任;第二,有效避免了拉票和贿选,更能体现公平公正的原则;第三,用资金投票,使母公司的骨干成员与新公司之间的利益进行全方位绑定。

在芬尼克兹内部,总经理不是职业经理人,而是享有公司高收益权的股东。每一任总经理任期为五年,每五年选举一次。每人最多连续任职两届。每年总经理候选人由公司设置的两个推选委员会负责推选。

第三章
"撸起袖子一起干":寻找事业合伙人

分红模式:股权与收益权分离

让出最大收益权,这是芬尼克兹进行裂变式创业、激励核心团队的一个核心机制。

由芬尼克兹创始人对新公司进行控股,同时在收益权上向创业团队倾斜。团队成员必须拿出真金白银进行参股,只有如此,他们才会自动自发、全心全意为公司做事。

在分红模式下,股权与收益权分离。虽然让出了最大收益权,但是芬尼克兹用分红权填补了创业团队的股权收益。

这种裂变式的创业机制,有利于达成以下四个目的(如图3-1所示):

1. 高层管理者的利益与公司利益紧密结合,将高层管理者变成了公司股东;

2. 增强了公司凝聚力,提升了公司创造力;

3. 在细分市场中占据领导地位,在管理机制中占领制高点;

4. 用股权设计的方式形成新的商业模式,极具竞争力,能够实现超速盈利。

同时,这样的合作模式还有效地解放了企业家,使其顺利甩掉了肩上的重担。有人曾经问宗毅,他去过那么多地方,还有时间管理公司吗?他给出的答案是:管理公司最好的办法就是什么都不管。将员工变成合伙人,将员工变成老板,他们就会全心全意地经营管理好企业。

股权合伙人
Equity partner

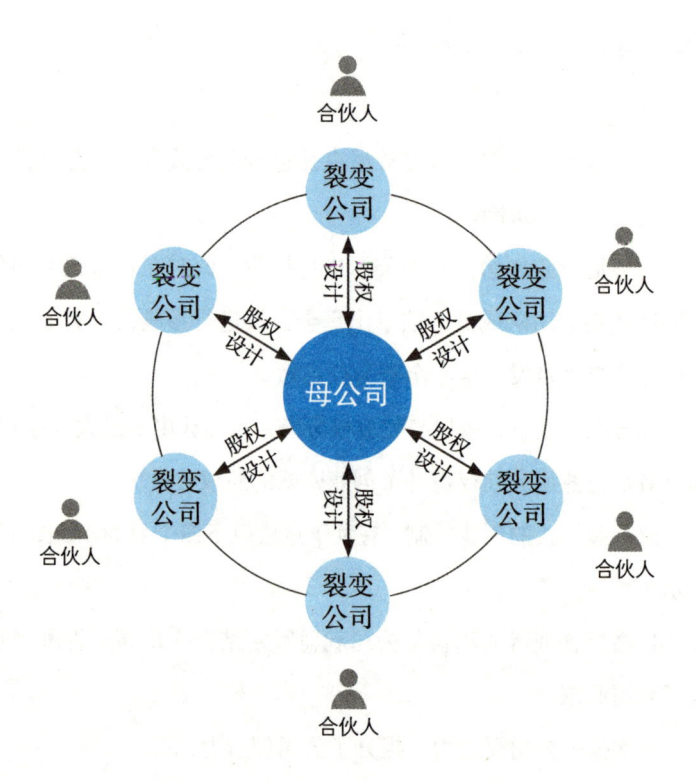

图 3-1 "裂变式"创业机制形成的商业模式

第三章
"撸起袖子一起干"：寻找事业合伙人

联盟制合伙人

联盟制合伙人模式是近期兴起并流行的合伙人模式中的一种，我们咨询辅导的客户"众塑联"就是其中的代表。

众塑联成立于2017年，在我国供给侧结构性改革的战略背景下，经佛山市、高明区两级政府直接指导和推动下而建立的。他的合伙人由珠三角佛山市27家知名的塑料企业、上中下游公司共同出资、抱团发起，以"塑料产业＋互联网＋金融资本"为核心路径打造塑料产业互联网平台型总部经济体（如图3-2所示）。之所以要建立这样的合伙人机制，主要原因有三：第一，从实体经济转向互联网经济；第二，利益共享，比如集约化采购（既是采购方又是股东），能第一时间获取最及时的行业资讯；第三，进一步加强上中下游各家企业间的合作，将彼此绑定得更加紧密。

股权合伙人
Equity partner

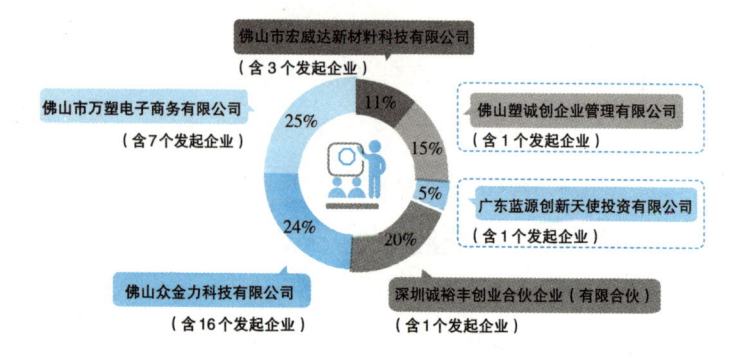

佛山市宏威达新材料科技有限公司
（含 3 个发起企业） 11%

佛山市万塑电子商务有限公司
（含 7 个发起企业） 25%

佛山塑诚创企业管理有限公司
（含 1 个发起企业） 15%

广东蓝源创新天使投资有限公司
（含 1 个发起企业） 5%

佛山众金力科技有限公司
（含 16 个发起企业） 24%

深圳诚裕丰创业合伙企业（有限合伙）
（含 1 个发起企业） 20%

图 3-2　众塑联公司股权结构图

  它以技术研发为核心，为塑料行业提供产品交易、供应链金融、共享仓库、共享技术、智慧物流、点价服务、行情资讯、大数据解决方案等一站式综合性服务。

  在技术研发方面，众塑联倡导共享实验室，连接上游企业实验室（原材料）、下游企业实验室（制品）、高校科研机构实验室（成分分析）及众塑联实验室（原材料＆制品），实现产品、原材料、工艺的检验、定制、生产一条龙服务。

  在标准引领方面，众塑联坚决遵守佛山市高明区塑料联盟标准，以标准化为重点，助力产品质量提升。

  在物流方面，众塑联实现了物流优化，改变目的港缩短汽运距离，节省汽车运输成本；开放共享仓库，植入特种货物职能物流系统，实现精准匹配，降低安全库存，减少资金压力；坚持全程可视化，为供应链

第三章
"撸起袖子一起干"：寻找事业合伙人

金融提供有力支撑；使用滴滴物流——网络货运平台承接运输业务，享受产业政策扶持，实现物流业务的合同流、货物流、资金流和发票流的"四流合一"。

在金融方面，众塑联与银行以及非银机构合作。合作机构授权融资给众塑联，众塑联与融资客户产生真实贸易，为其发放融资。其合作机构包括中国银行、中国工商银行等13家银行，已经得到包括中行中小企业专项授信超1亿元，供应链金融授信4500万元，工行授信融资2亿元。众塑联还与第三方征信机构合作，基于可观的企业运营情况和凭条历史交易数据记录，打造了行业首创的"4+4"众塑联风控体系。

图 3-3 4+4 众塑联风控体系

在行情资讯方面，众塑联打造了自己的众塑联大数据平台，能够全面展示从物流仓储、原料和相关氯碱产品、进出口、外盘、下游和上游等方面的数据资讯，例如开工率、销售趋势、电石价格等等。

众塑联联盟式合伙人特点：

1. 股东合伙

众塑联股东多由塑料行业上下游企业构成，这些企业原本就相互有些合作关系，通过股权合作的方式让彼此链接的更加紧密。

2. 业务合伙

即股东方也是采购方，成立众塑联公司前各股东在不同的地方采购原材料，成立众塑联公司后，各股东优先在众塑联公司采购原材料，而且集体采购还降低了采购成本。

3. 人员合伙

众塑联董事长由各股东选出股东企业代表轮值担任，这种不仅让各股东更深层次参与到公司经营中来，更是将各股东企业优势资源及管理精髓相互分享落地。

在瞬息万变的市场环境下，企业面临着激烈的竞争。尤其是世界经济区域集团化以及新贸易保护主义的盛行，众多企业日益举步维艰。如果企业依旧按部就班，不思进取，将随时面临破产的风险。在新的经济形势下，要维持企业的生存和发展，单枪匹马将寸步难行，这时企业联盟就成了一大发展趋势。

著名管理大师大前健一曾说过："在当今的世界上，没有任何一家公司可以靠单打独斗保持竞争优势。"而联盟合伙人模式

第三章
"撸起袖子一起干":寻找事业合伙人

正是顺应了这一时代发展的大趋势应运而生的。联盟合伙人,就是指企业与企业之间在统一目标的引导下,结成战略同盟,自主地进行互补性资源交换,保证各自达成阶段性的目标,最终获得长期的市场竞争优势的合伙模式。成功的联盟合伙人模式,必须遵循以下四个重要原则:一是道相同,二是彼此诚信,三是资源互补,四是按规则办事。

下面,我们针对以上四大原则分别展开探讨。

道相同

挑选联盟合伙人,一定要挑选志同道合的伙伴。如果没有同样的理念和发展方向,那么合作是没有意义的。合伙人之间离心离德,犹如夫妻之间同床异梦,最终结果将是联盟的分崩离析。只有志同道合者才能同舟共济。心往一处想,劲往一处使,当所有人都奔着同一个目标前进的时候,项目才能获得成功,企业才有光明的未来。反之,联盟关系则早晚会出现破裂。下面,我们来看英国脱欧的例子。

2020年2月,英国广播公司报道重磅新闻,英国在加入欧盟47年,公投脱欧三年半后,正式退出欧盟。

从英国加入欧盟开始,这段合作就遭到国际社会普遍质疑。1961~1967年,英国曾两次申请加入欧共体,但都因为英国追随美国的立场而遭到拒绝。1970年,

股权合伙人
Equity partner

英国保守党成员爱德华·希思出任首相,开始调整英国的外交政策,宣布以"自然关系"取代英美特殊关系,推行向西欧的新外交政策。经过将近一年谈判最终达成协议,英国终于加入了欧共体。

虽然声明二者联盟,但英国加入欧共体的出发点是期望改善英国当时日益下滑的经济状况,以及规避国际货币体系摇摇欲坠的风险。而欧盟的出发点则是维护欧洲各国和整个欧洲的利益。英国因为其地理位置特殊,长期游离于欧洲大陆之外,再加上英国一直对欧盟保持警惕,并未加入欧元区,无法享受欧元红利。双方的理念和发展方向背道而驰,让英国与欧盟的合作越发不稳定,最终分手是必然结果。

彼此诚信

对联盟制合伙人来说,彼此信任尤为重要,联盟并非1+1的合作关系,而是从技术研发、标准、物流、金融、数据等多方面进行信息分享、融合、协作的关系,它意味着"同生死,共进退"。正因为如此,联盟合伙人之间必须建立诚信。

一般来说,这种互信包括以下几方面内容:

第一,建立信任互惠的联盟关系;

第二,企业间要建立信息化平台和信息管理制度;

第三,以自身发展提高信誉度,实事求是。

第三章
"撸起袖子一起干"：寻找事业合伙人

为了成功获得联盟成果，要求各成员绝不能只在口头上侃侃而谈，而是要脚踏实地，将计划真正付诸行动。比如，在彼此了解的过程中，要如实陈述企业的经营情况，帮助联盟成员更好地了解自己，彼此借鉴，少走弯路；建立起统一的信息平台则能够把重要信息以最快的速度传达给各个联盟成员，降低信息传递的失真率。

资源互补

过去的十几年间，我国的民营企业经历了极速向规模化发展的跃迁，出现大量的集团型公司，比如阿里巴巴、京东等。但是在企业快速发展过程中，人们逐渐意识到，即使是一家规模庞大的全球性企业，也不可能仅凭一己之力在各类市场和价值链的每个环节占据优势，某些时候，将一些细分市场和辅助环节交给更优秀、更高效的企业去做反而能够提高企业的经营效率。

基于此，众多企业管理者开始考虑一种通过联盟寻求资源互补，创造协同效应，从而帮助企业维持和创造持久的竞争优势的经营模式——联盟合伙。

换句话说，联盟企业之所以能够走到一起，最主要的原因就是借助联盟的优势弥补各自资源的不足，从而改善资源获取状况，帮助企业建立竞争优势。例如，在众塑联中，有的企业主攻上游原材料的生产与加工，有的企业在设计研发方面具备突出的优势，还有的企业负责下游制品的生产。这些塑料行业的龙头企业基于彼此内部资源的互补性,携手结为联盟合伙人,在对内维稳、对外抵御市场风险方面发挥了关键作用。

建立在资源互补基础上的企业联盟,能够有效降低控制的成本,提高联盟的收益。而且在生产价值链各个环节占据优势地位的联盟伙伴,也能够帮助其他伙伴改善资源状况,提高联盟的竞争力。

按规则办事

由于联盟合伙人往往来自相同或类似行业,联盟伙伴之间经常会存在既合作又竞争的双重关系,所以在结成联盟前,双方应该秉持严谨细致的作风,对联合与合作的具体过程和预期结果进行全面的谈判,并制定相应的规则,严格按规则办事。

通常来说,联盟伙伴之间的合作包括以下几方面:

1. 要把战略联盟作为专有职责,组建专职部门,组织和协调资源,有效管理联盟;

2. 打造新的联盟文化,强化"合作"指导思想的战略地位,弱化企业间组织文化的差异,加强管理上的趋同;

3. 坚持利益共存原则,合理分配利益。联盟是建立在合作双方"互利共赢"的基础之上的,利益分配必须体现公平原则,实现联盟各成员"利益共享,风险共担";

4. 提前对联盟成员的加入、退出和违约等问题进行沟通,必要时应签订书面文件。

第三章
"撸起袖子一起干"：寻找事业合伙人

长期以来，国内企业在团结问题上都备受争议，许多中小企业在发展壮大过程中，很难意识到团结的重要性，从而逐渐丧失了企业的竞争优势。但是我们也惊喜地看到，最近几年，像众塑联这样的采用联盟合伙人模式的企业集团在中国越来越多，不断有中小企业自发地走到一起，为了未来的发展结成战略联盟。

联盟的兴起正悄然改变着传统的公司边界，也推动着产品市场格局的不断演变。

股权合伙人
Equity partner

基金合伙人

2014年2月19日,喜临门家具股份有限公司(以下简称喜临门)发布公告,公司已通过设立基金的方式,让经销商增持公司股票。

喜临门实际控制人陈阿裕为部分公司高管、员工和加盟商提供担保进行融资,在提供个人担保完成1:1.5比例融资后,将自筹资金委托实际控制人统一代收代付给托管证券公司,设立"财通基金——新安9号资产管理计划"。

"新安9号"通过上海证券交易所二级市场交易系统(含大宗交易)增持公司股份833.75万股。本次增持共动用自筹资金合计30447183.9元,融资资金45670775.85元,其中,实际控制人为未来人才预留而暂时持有的自筹资金合计4167183.9元,融资资金6250775.9元,本次增持均价为9.13元/股。

陈阿裕提出公司业绩增长目标,并根据业绩目标达成情况,向所有增持人员提供不同的计划收益保底

第三章
"撸起袖子一起干"：寻找事业合伙人

承诺。业绩增长目标为：2014年对比2013年收入增长35%，利润增长30%。2015年对比2014年收入增长30%，利润增长32%。

陈阿裕还承诺：在喜临门达成相关业绩目标基础上，所有增持人员的总投资（含融资资金）年化收益率不低于15%（融资利息由增持人员自行承担）。如果业绩目标达成，而"新安9号"收益率低于15%，实际控制人将以现金方式补偿直至所有增持人员的总投资年化收益率达到15%。

本期计划承诺锁定期为两年，两年期满后，增持人员可以选择退出计划，退出时需一次性退出所有认购资金，不得分笔退出。

此方案一出，喜临门股价应声涨停，报10.85元/股，较增持价格上涨了1.72元/股，涨幅达到18.84%，参与"新安9号"的加盟商、投资者等皆轻松浮盈千万元。

喜临门实行的是基金合伙人机模式。

结合以上案例，我们发现基金合伙人，就是"基于对公司未来持续稳定发展的信心，喜临门公司高管、骨干人员和部分加盟商选择通过设立基金的方式增持公司股份"，其目的是分享企业发展成果，实现员工与企业风险共担、利益共享。

接下来，我们来分析一下喜临门对参与"新安9号"计划的条件限制。

股权合伙人
Equity partner

1.参加"新安9号"人员统计范围为:截至2013年11月11日在职的喜临门公司中层以上员工及部分优秀加盟商。

2.参加"新安9号"的投资标准分为公司决策高级管理人员、中级管理人员(总监)、中级管理人员(经理)。

3.实际控制人按照"向新进骨干倾斜、向业务部门倾斜"两个倾斜的原则支持本次计划。即已经持有原始股的高级管理人员按照减半额度执行,重要的销售和生产运营部门负责人增加50%的方式确定投资标准。

总体标准为:

第一类:高级管理人员,个人认购标准为180万元。

第二类:中级管理人员(总监),个人认购标准为90万元。

第三类:中级管理人员(经理),个人认购标准为45万元。

以上认购标准的部分为个人交款额,剩余部分为向银行融资额。个人交款均需在限定交款日内按照标准全额一次性交清,不实行部分参与。

省级服务中心总经理(加盟商)按照第一类标准下浮20%确定投资标准,由服务中心总经理决定是否将该投资额分配至省内其他加盟商。个别规模较大的服务中心总经理经与实际控制人协

第三章
"撸起袖子一起干":寻找事业合伙人

商同意,可适当增加额度;地级以上(含地级)城市优秀加盟商参照第二类标准;地级以下城市优秀加盟商参照第三类标准。参与计划加盟商人数不超过30位。

以下为该次增持人员类别、增持股数和占公司总股份的比例(如表3-4所示)。

表3-4 喜临门增持人员类别、增持股数和占公司总股份比例

增持人员类别	增持股数	占公司总股份的比例(%)
公司董事、监事及高级管理人员(共10人)	1527997	0.49
公司其他人员(共57人)	3746057	1.19
重要加盟商(共24人)	1922318	0.61
未来人才(预留)	1141128	0.36
合计	8337500	2.65

我们可以参考喜临门的基金合伙人模式,由公司代收员工委托资金,将资金代付给证券公司,购买本公司股票。这种模式有利于鼓励公司董事、监事、高级管理人员以及其他骨干员工及国内市场部分优秀加盟商以股东身份积极参与企业的经营管理,推动公司战略发展目标的实现,促进公司的经营绩效提升,改善公司治理水平。

股权合伙人
Equity partner

事务所合伙人

近年来，越来越多的咨询公司和律师事务所开始尝试进行公司制改革，而合伙人制度便是其中一项重要的内容。下面，作者将结合自身经验，就事务所合伙人制度的优势做一番介绍，并给出具体操作实践的相关经验。

麦肯锡公司是世界著名的四大管理咨询公司之一，由美国芝加哥大学的麦肯锡教授于1926年在美国建立。麦肯锡是一家私营性质的合伙公司，其内部管理也一直推行合伙人制度。其业务网络覆盖43个国家，拥有82家分公司，近9000名员工。公司掌握在近600位高级董事（资深合伙人）和董事（合伙人）手中。所有的董事在加入公司时都需要担任咨询人员一职，从基层开始做起，表现优异者方有希望晋级成为合伙人。公司执行董事是由高级董事选举产生，任期三年。同时，公司严格奉行优胜劣汰的人事原则。

第三章
"撸起袖子一起干"：寻找事业合伙人

作为业界翘楚，麦肯锡的合伙人模式让国内外同行刮目相看，而国内的相关行业也从中受益匪浅，获益良多。

计点制与提成制

据专家研究，关于事务所合伙人相关分配制度种类众多，包括：平均分配制、执行委员会专治制、提成制、三分制、计点制、公式制等多种类型。下面，我们不妨来深入探讨一下大家经常提及的计点制和提成制。

计点制

中伦律师事务所成立于1993年1月，早期发起人共有五人，分别来自不同的律师事务所和司法行政部门。五位发起人（合作人）在合作之初，便确定了合伙人关系，并在有关合作章程中予以明确。在合伙形式与分配机制方面，中伦先后经历了三个阶段：合伙人均享利润阶段、成本的计点制阶段、利润计点制阶段。也正是由于中伦律师事务所在成立之初即确立了适合自身的合伙人模式，因此二十多年来其事业获得了长足的发展，为业界瞩目。

在计点制模式下，每位合伙人的点数增长遵循着差不多相同

股权合伙人
Equity partner

的速率，也就是所谓的锁定等级。随着资历的增长，合伙人的点数会不断增加。只要事务所总利润增加了，合伙人点数在事务所总点数中的占比也没有被过度稀释，那么，该合伙人的收益就会增加。

该制度安排的优势是将所有人的关注点都集中到了事务所的总利润上面，而不会单独考核某位合伙人的具体贡献值。这就将事务所中的合伙人捆绑在了一起，有利于通力协作。只要事务所收益扩大，每一个人都会因此受益。

但是，该模式对合伙人的要求极高。它要求合伙人都必须拥有勤勉敬业的精神，并且要求彼此之间高度信任。或者，事务所需要拥有一套完善的制度保障体系，引导大家积极进取，为了集体利益努力工作。此外，该模式对快速扩大市场份额也有很强的依赖性。如果工作能力优异的合伙人长期无法得到与其能力相匹配的利润收益，那么，他很有可能将丧失对事务所未来的发展信心，从而影响事务所的稳定。

提成制

约翰·盖伦是华尔街一家著名律师事务所负责破产业务的合伙人，他具有非常优秀的业务能力。为了获得高额回报，约翰·盖伦选择了提成制。对金钱的渴望使得他逐渐迷失了方向，最终因为欺诈、骗取客户资产等罪行被送入监狱。约翰·盖伦在《提成制——

第三章
"撸起袖子一起干":寻找事业合伙人

一个华尔街律师的坠落》一书中,淋漓尽致地展现了提成制的弊端。

在提成制模式下,创收额度是评估合伙人贡献值多寡的主要标准。这也促使每一位合伙人挖空心思努力扩大自己的案源,不断增加业务收入。合伙人在案源开拓和业务增收方面的积极性被极大地激发出来。

该制度模式提倡每一位合伙人的独立性,每个人都可以按照自己的计划采取行动,所以它可以充分发挥每个人的主观能动性,对合伙人的激励作用是显而易见的,也有利于明星合伙人的成长。

一般来说,提成制适用标准相对计点制要低一些。由于每一位合伙人的利润分配互不影响,彼此独立,那么该合伙人也就不会特别在意其他合伙人的业绩,彼此合作的条件主要以独立创收额度作为主要指标。一般情况下,凡是可以满足创收额度条件的人都可以加入。

计点制、提成制分别适用于哪些事务所

基于以上所述计点制、提成制的不同特点,这两种分配模式适用于处于不同发展阶段的事务所。

例如,对于像天同律师事务所这样的小型事务所来说,其业务较为单一,专注于"高端商事诉讼",业务机会也就更为分散和有限。这就意味着,仅凭合伙人个人的社交能力,将无法获取

足够多的案源，因此就需要整合全所的力量，打造整体的事务所品牌。同时，也正由于事务所规模小，几位合伙人彼此十分熟悉，也非常信任。

这时，计点制成了最适合的模式。它把全所力量凝聚在一起，在案件办理上精细分工，保障了案件质量；在品牌打造上集全所之力，共同把"蛋糕"做大。

而对于那些需要快速扩张规模的律师事务所来说，提成制则更有利于帮助他们实现自己的目标。2000年前后，国内企业的跨区域扩张，让国内市场快速实现了一体化。同时，这也催生了对全国性法律服务机构的热切需求。在此期间，那些规模并不大的事务所要想在全国范围内迅速布局，采用合伙人准入门槛相对较低的提成制，显然是更好的办法。例如，北京地区的一些事务所，就抓住了这个千载难逢的机会，迅速在全国扩张，并顺利发展成为规模庞大的事务所，而他们更多采用的便是提成制。

这也从侧面说明，我们并不需要计较计点制和提成制的优劣。真正重要的是，我们要根据事务所在不同发展阶段的迫切需求，寻找与之相符的分配模式。

从为客户提供优质高效的法律服务的角度来说，这两种状态其实都并不算理想。

在大规模的追求个体激励为主的事务所，由于强调个人业绩，分工合作的价值难以被充分挖掘。

在小型的追求集体目标的律师事务所，虽然事务所内部能够通过充分的分工协作，调动所内最优质的资源完成案件。但往往

第三章
"撸起袖子一起干":寻找事业合伙人

受制于规模,事务所的影响力和能够提供的服务仍然有限。

其实,理想的事务所模式应该是大规模的追求集体目标的律师事务所。它兼具规模和分工协作优势,可以把规模带来的品牌和资源发挥到极致,集全所之力为客户提供最优质的服务。

这也对当前我国法律咨询行业中存在的大型提成制规模事务所和中小型计点制精品事务所提出了挑战。其实,不管哪种模式的事务所,合伙人都需要有改变自己的勇气,只要坚持提供更优质高效的法律服务这个前提,就可以尝试在事务所合伙人分配模式上做出调整。要么在提成制的基础上引入多元评价机制,要么在计点制的基础上引入绩效评估标准。

股权合伙人
Equity partner

资本合伙人

从29年前秦英林夫妇回到家乡创建牧原开始,牧原集团从起初只有22头猪一路走到今天,已形成以生猪养殖为核心,集饲料加工、种猪育种、生猪养殖、屠宰加工等为一体的现代化特大型企业集团,总资产达1900亿元,牧原集团的快速发展也引起了国内外业界的广泛关注。

2014年1月28日,牧原股份在深交所正式上市。截至2021年9月,其市值已突破2300亿元,稳居行业龙头地位。2021年7月,《财富》中国500强排行榜牧原食品股份有限公司位列第204位。而作为牧原集团的创始人,秦英林也早已成为名副其实的河南省首富。

当然,牧原集团取得举世瞩目的巨大成功背后,其直接获益者绝不仅仅只是秦英林一人。

那一年,牧原进入二次创业关键期,急需流动资金,但正赶上国家紧缩银根,信贷政策收紧,而牧原拖欠

第三章
"撸起袖子一起干"：寻找事业合伙人

农行的 2540 万元贷款又急需偿还。左右为难之时，适逢农行股权改革，相关政策允许将牧原难以偿还的贷款"打包处理"，免予偿还。

面对这个巨大的诱惑，所有人都认为牧原捡了大便宜。但秦英林却有自己的主见。他竟然主动找到银行领导，制订了详细的还款计划。不到两年时间内，牧原就还清了这笔贷款。而秦英林的这次被员工和同行认为是"傻子"的举动，为牧原集团赢得了所有人的信任。后续的银行贷款源源不断，为企业的发展注入了强劲的动力，而牧原也用自己的成功回馈了曾给自己极大助力的信贷机构和投资人。

其实，不仅仅是秦英林及相关投资人在牧原集团的发展过程中获益匪浅，牧原集团的员工、承销商以及相关股权持有者、二级市场等都获益巨大，尤其是2014年牧原正式在深交所上市之后，其市场走势表现强劲，牧原的市值连年上涨，让众多牧原股权合伙人赚得盆满钵满。牧原集团用自己的发展实现了与所有利益相关方的共赢。

牧原集团的成功可以算作是一场资本合伙人的典型成功案例。下面我们就结合牧原的发展案例详细讲解一下资本合伙人的相关概念。

通常来讲，资本合伙人也称为三人行资本战略合伙人，是帮

股权合伙人
Equity partner

助企业进行资本融资、资本战略规划和资本路径落地执行的合伙人,它可以持续不断为企业发展提供资本和资源的支持。

资本合伙人以获取收益为最终目的和核心点。在这里,需要注意的是,与上文所讲到的诸多合伙人类型有所区别,对于资本合伙人来说,企业的发展与他们的收益预期直接相关,因为他们每一个都将自身的资本(现实资产)实实在在投入了企业之中。企业的兴衰成败与他们的个人利益完全捆绑在了一起,一损俱损,一荣俱荣。通过资本合伙人机制绑定带来巨大的回报,使每个人都成为赢家。

资本合伙人主要类型

通常来说,一家上市公司的利益相关方都可以称为该公司的资本合伙人,一般分为六大类型(如图3-4所示)。

- 员工
- 老板
- 投资方
- 承销商
- 路演认购
- 二级市场

第三章
"撸起袖子一起干"：寻找事业合伙人

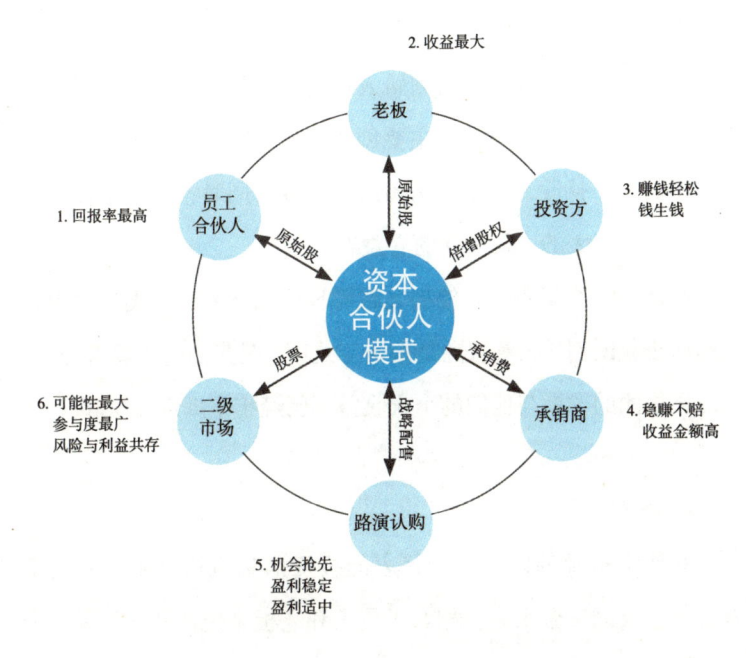

图3-4 资本合伙人模式

下面，我们还是以牧原集团为例，详细了解一下资本合伙人的六大类型及其各自的特点。

员工

牧原集团现有员工15万人，其持股员工通过集团股权激励计划以低于市场价获得集团的原始股，相对于其他资本合伙人来说，其付出的成本较低，而其回报率是最高的。这也将持股员工和公司完全绑定，凝聚在了一起。公司的发展即是个人的进步，公司的获益也是个人资产的增值。

股权合伙人
Equity partner

老板

秦英林作为牧原集团的创始人和实际控制人,是该集团的掌舵人,自然也是牧原集团的主要创业者和受益人,其个人也是牧原集团的第一持股人,掌握集团的控股权。同时,他也是牧原集团发展获利最大的、最重要的受益者。

此外,牧原集团的其他相关高管也可以归入这一类型之中。他们居于集团创始人和普通持股员工之间,是集团的主要管理者,因此,集团的发展与他们的个人收益也已经牢牢绑定在一起。

投资方

案例中提及的以银行为代表的投资信贷机构是主要的投资方,是主要的资金来源。相对于员工和老板来说,其获利模式最为轻松。它们掌握大量的资本,通过 A 轮、B 轮、C 轮不断地融资估值,进而使自己手中掌握的资产实现增值,达到轻松获利的目的。以钱生钱,让别人为自己赚钱,让自己的资产实现增值,这充分体现了赚钱的智慧。

承销商

股票承销商是指经营股票承销业务的中介机构,主要承担股票承销与资金交流任务。它是股票发行机构的枢纽。主要有投资银行、信托投资公司、证券投资公司等。

股票承销商主要办理上市股票的分散股权销售,包括包销股票、代销股票。相对来说,它们承担的风险最小,收益也最为稳

第三章
"撸起袖子一起干":寻找事业合伙人

定可靠。属于可以持续稳定获利的资本合伙人。

路演认购

路演,是国际上广泛采用的一种证券发行推广方式,指证券发行商发行证券前针对机构投资者的推介活动。在活动中,计划上市的公司向投资者就该公司的业绩、产品、发展方向等进行详细介绍,让准投资者充分了解公司具体运作情况,并回答机构投资者关心的问题。其目的是促进投资者与股票发行人之间的沟通和交流,以保证股票的顺利发行。例如欧美的上市公司计划在纳斯达克等证券机构正式上市以前,一般都会举行大规模的路演认购活动。

路演认购过程中,相关认购方可以通过谈判和博弈以较低的价格买入该公司的股票。一般而言,只要不跌破发行价,路演认购同样可以获得稳定可靠的收益。盈利模式较为平稳合理,风险较小。

二级市场

证券交易市场也称证券流通市场、二级市场、次级市场,是指对已经发行的证券进行买卖、转让和流通的市场。在二级市场上销售证券的收入属于出售证券的投资者,而不再属于发行该证券的公司。据此,相对于以上类型的资本合伙人,二级市场的资本合伙人规模最为庞大,成分也较为复杂,包括了各种类型的证券投资机构和一般股民。其获利模式为低位买进,高位抛出。其收益率稳定性较差，风险较高，风险和收益时刻相生相伴。

一般而言，二级市场的资本合伙人参与度最为广泛，凡是拥有足够资金的个人和机构均可参与，进行自由买卖。其收益与风险并存，在进入前需要谨慎考虑自身的抗风险能力和承压能力。例如，某些股票在买进时市场行情普遍不看好，买进价格自然很低，如果之后该公司发展势头良好，业绩优异，该只股票就极有可能成为一只绩优股，股价短期内出现10倍、20倍，乃至几十倍的增长也不无可能，让投资人赚得盆满钵满，一夜暴富也不是神话；反之亦然，投资人如果投资不慎，也可能瞬间倾家荡产。

综上所述，资本合伙人模式的出现和普遍推广真正实现了将所有的利益相关方彻底捆绑在一起的目的，它让所有的参与者为了公司的未来和发展齐心协力，不断奋斗。

Chapter 4
第四章

股权合伙人以事业为本

有人曾经说过：无论是一家企业，还是一个人，都一定要明白是时势造英雄。顺势而上，形势好了，大家才有机会成为英雄。只有成为英雄后，才有可能去适应时势、改造时势。

创业，何其艰难；商战，何其惨烈。在当前竞争日趋激烈的市场环境下，众多企业，特别是那些中小微企业处境日益艰难，企业规模小，流动资金少，抗风险能力弱都成了它们的致命弱点。在此大背景下，它们唯有团结协作，彼此信任，彼此依靠，才能在茫茫商海中生存和发展，才能不断开拓新的天地，才能永远立于不败之地，奔向梦想的地平线。

唯有事业，是合伙人共同的信仰和归宿。唯有合伙，才有美好的未来。

第四章
股权合伙人以事业为本

唯有事业能永恒，唯有合伙能战胜一切

华谊兄弟曾经是一个明星"梦工厂"般的存在，巅峰的时期旗下囊括了一众大牌影视明星，占据了中国影视圈的半壁江山。但是在最近几年，华谊却日薄西山。遥想当年，华谊最高市值曾超过800亿元，如今却跌到了不足百亿元。曾经的风光无限，到现在只剩一地鸡毛。探究其经营惨淡的原因，可谓成也萧何，败也萧何。

1994年，王中军与王中磊兄弟俩成立了华谊兄弟广告公司，凭借着王中军在美国看到、学到的营销模式赚到了第一桶金。

1998年，华谊兄弟和冯小刚开始正式合作拍摄电影，华谊兄弟进军演艺圈。

2000年华谊兄弟与著名经纪人王京花合作，双方签订五年合约。王京花带着一众明星艺人加入华谊。那五年，是华谊发展最迅猛的时期，无论是电影，还是旗下艺人都红透半边天，将华谊推上了娱乐圈龙头老大的位子。华谊兄弟也创造了"制片人+导演"的华谊"兄弟模式",用一个个具体的人构成"明星驱动IP"的商业经营模式,构建起一个"兄弟江湖"。

然而,繁华总会有落幕的一天,华谊兄弟因"兄弟"而崛起,最终也因为"兄弟"而走下神坛。2010年左右,几位明星艺人纷纷离开了华谊自立门户,华谊兄弟元气大伤。后来,华谊为了维持商誉而收购的两家明星公司:东阳美拉和东阳浩瀚接连因未完成业绩承诺被迫赔款,华谊兄弟资金链陷入紧张。

在华谊跌落谷底之际,以往那些"兄弟"的态度,却令当事者更为酸楚。数据显示,过去的几年间,虞锋和马云历年套现合计近13亿元,而当着记者的面发誓"跟着王中军干一辈子"的冯小刚,仅股票套现纳税就达4000万元。

江湖兄弟纷纷离场,华谊这艘风雨飘摇的大船上,又重新只剩下了王中军、王中磊两兄弟。

通过以上案例我们发现:一个团队,要想持续获得成功,必须要有共同的事业理念,否则就算能够获得一时的辉煌,最终也会迅速迎来失败。企业要想基业长青,更加需要一个因为共同事业理念而聚集在一起的团队,否则就算因为一时的机遇而获利,也很难抵挡长期的风险。

企业经营就像行军打仗一样,会面临无数的风险和困难;也

第四章
股权合伙人以事业为本

如同大海行舟，随时都有可能会被风浪吞噬。那么，我们拿什么来抵抗风险呢？有人说要保持充裕的现金流，有人说要把握正确的战略方向，有人说要随时盯紧市场风向的变化。其实，在这样一个瞬息万变的年代，一切外在因素都是不可控的，我们唯一可以依靠的只有团队。唯有事业能永恒，唯有合伙能战胜一切。

那么，何为事业？何为合伙？

何为事业？何为合伙

在辅导的过程中，有很多民营企业家向我们诉苦：人才难招，更难留下，就算勉强留下来的，也是出工不出力的居多，敷衍了事的居多，尽心尽力的少之又少。很多老板将原因归结于公司规模太小，在行业内没有什么知名度，缺乏影响力；自己又拿不出更好的薪资待遇，所以人才自然不愿意来投；而自己好不容易培养的人才，轻易就会被大企业挖走。

归根究底，是因为这些人才认为自己只是在为工作而工作，不是在为事业而工作。

那么，究竟什么是事业呢？

事业是人生的追求，是人生的梦想，是人生价值的体现。当人们把工作当成事业，就会以永不满足的标尺和责无旁贷的品格，心无旁骛、用心如一地奋斗。即使遭遇困难和挫折，也会愈挫愈勇。为工作而工作，就会"只求过得去，不求过得硬"，缺乏责任感，得过且过。

股权合伙人
Equity partner

企业要实现合心,首先需要通过共同的事业理念把人才聚集在一起。因为共同的信仰,大家齐心合力,才能把一项事业做大做强,这就是事业合伙人的概念。

朱元璋起义是中国历史上少有的农民起义获得成功的案例,他以布衣之身一举推翻腐朽的元政权,建立起明王朝。他之所以能够取得成功,很大程度上取决于三个因素:元朝自身的腐朽没落、朱元璋的队伍民心所向、朱元璋网罗了大批人才。

元王朝的腐朽没落:元朝末年,政治腐败,民族矛盾以及阶级矛盾日益激化,战争一触即发。再加上天灾频繁,民不聊生,要改变现状,百姓们必须团结起来,推翻元朝的统治,建立新的政权。

民心所向:拉起一支队伍造反并不是一件容易的事,官兵要吃饭,就要有粮。在起义初期,军粮的征集只能靠"强征",即征收"寨粮",但是长此以往,军队就会成为纯粹的破坏性力量,迅速失去民心。为了解决粮食问题,朱元璋提出了屯田法,大力推广军队屯田,任命元帅康茂才为都水营用使,负责兴修水利,又分派诸将在各地开垦农田。1360年,朱元璋下令不再征收"寨粮",有效地减轻了农民负担,这为他赢得了百姓的交口称赞。

网罗人才:朱元璋专门修建了礼贤馆接待来自全

第四章
股权合伙人以事业为本

国各地的知识分子,例如李善长、朱升等人。朱元璋还善用徐达、常遇春等将领。以上众人都为起义军北伐立下了汗马功劳。

案例中,农民、文人、武将都是朱元璋的事业合伙人,他们在共同的愿望(抗元)下走到了一起,大家有钱出钱,有力出力,共同建立起了一个新的王朝。从朱元璋的故事中,我们可以发现,结成事业合伙人最重要的条件就是要一条心、能干事、共命运。

有人说:通过共同的事业理念去寻找合伙人,这个要求未免太高了,实在难以找到。也许会有几个跟自己理念相近,但要求全部一致,根本不可能。那我们应该如何寻找事业合伙人呢?

如何寻找合伙人

在寻找合伙人之前,必须首先明确你为何寻找合伙人,唯有如此,才能明确需要寻找什么样的合伙人。

如果资金不足,那么寻找合伙人时就需要找到一个拥有足够经济实力的合伙人;如果是经验和能力不足,那么在寻找合伙人时,就要寻找拥有一定经验和技术实力的出资人。总而言之,合伙人就是要合事、合伙、合心。

在寻找合伙人时必须目标明确,不能为了一时之需盲目寻找。同时,合伙人之间必须互相信任、能力互补、分工明确、出钱出力。

第一,互相信任。信任是合伙的基础,否则,彼此之间内斗不休、互相猜忌会对企业造成很大的内耗。

第二，能力互补。很多团队创业伊始平分股权，结果发展到后来矛盾日益尖锐。矛盾的根源还是在于团队结构的不稳定。那么，应该如何搭团队架构呢？在此，我们可以借鉴华为的用人法则。一把手要有开疆拓土的能力，充分理解公司的发展方向，有极强的策划能力和意志力；二把手要擅长管理，同时还要拥有很好的执行力。

第三，分工明确。新东方的"三驾马车"能力互补，分别有着各自的分工：俞敏洪负责考试培训和经营管理，王强负责英语培训和企业文化，徐小平负责品牌宣传和学生咨询。"腾讯五虎"中，马化腾统筹全局，张志东负责技术，曾李青负责销售，许晨晔是首席信息官，陈一丹是首席行政官。

第四，出钱出力。一般来说，企业中有三类人：第一类，创业合伙人；第二类，公司高管或创始员工；第三类，投资人。对于启动资金不足的初创企业来说，这三类人非常重要。

另外，信息不对称也是寻找合伙人时经常遇到的难题。通常，初创企业可以通过以下三种途径去寻找：

一是通过朋友的介绍，或是在行业内寻找熟悉相关领域的人才。这样的合伙人相对而言知根知底，有较高的信任基础。

二是根据垂直领域的需求寻找。无论是什么行业，如果能在这个行业内或者上下游找到自己的合作伙伴，自然是最好的选项。首先，他们对于行业的理解较为深刻。其次，对产品的开发能够提供较多支持。最后，在人脉关系和业务拓展等方面都会有

第四章
股权合伙人以事业为本

非常大的帮助。

三是借助网络渠道寻找合伙人。除了主动寻找,也推荐创业者可以通过"自我推荐"的方式寻找志同道合者。在社交网络平台上,比如知乎或是微博上主动进行个人品牌的搭建和宣传,当个人品牌获得了一定的知名度后,相关的合伙人也会慕名而来。

综上所述,关于事业之路的选择、合伙的方式以及如何在合适的时机选择适合自己的合伙人,始终是一个十分严肃而重要的问题,需要我们不断地深入探索和思考。

股权合伙人
Equity partner

破茧成蝶
——A能源集团股份公司合伙人模式探析

有人曾经说过：没有成功的企业，只有时代的企业。所有成功的企业，都是因为踏对了时代的节拍。这句话极为精准的阐明了一个道理：唯有在时代大潮之中顺势而为，才能有所作为，有所成就。今天，在这个合伙制早已成为创业时代主旋律的大背景之下，A能源集团股份公司在合伙模式下的华丽转身成为业界的典范。

A能源集团股份公司成立于2007年1月，是以LNG能源贸易为核心，集城市燃气供应、加油加气站运营管理、危化品运输、城市综合能源利用、特种设备检验检测等多项业务于一体的大型综合性能源公司。

公司现有员工600余人，下属九个全资子公司、三个控股公司、三个参股公司，资产总额逾10亿元。

为了加快企业发展步伐，为客户提供更为优质的服务，果断提出对公司进行股权改革。随后，该公司

第四章
股权合伙人以事业为本

选择与上海和一咨询展开合作。由和一咨询提供一揽子股权改革方案，对总公司及其下属分公司进行全面的股权机制改革。

首先，依据和一咨询提供的股权激励方案"四五六落地系统"，集团领导层及主要管理层展开了深入细致的讨论，最终形成了一致意见。按照"四五六落地系统"，就股权机制改革的四大布局，即：激励目的、利益来源、权利分配以及持股平台，达成了共识。

为了使公司的事业长青、增强管理能力、挖掘并留住人才、加强企业资本运作能力，公司决定对公司的股权布局实施步骤、股权结构设计、集团及各个分公司股权激励平台、持股机制、分红利益分配机制等领域进行全面统筹规划（如图4-1、图4-2、图4-3所示）。

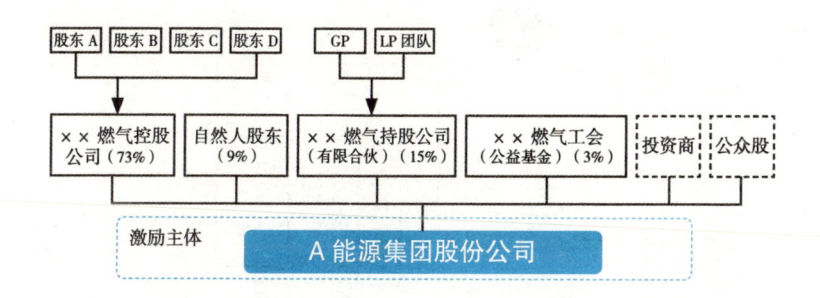

图4-1 A股能源集团股权结构设计

股权合伙人
Equity partner

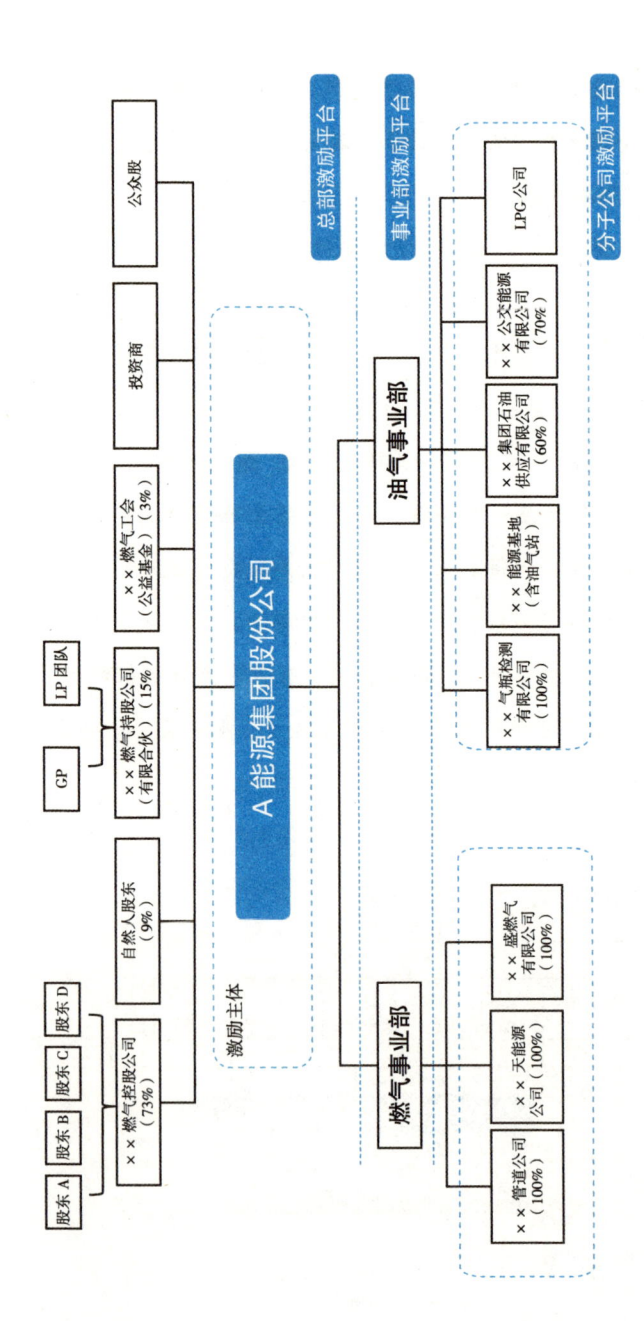

图 4-2 A 股能源集团股权激励平台

第四章
股权合伙人以事业为本

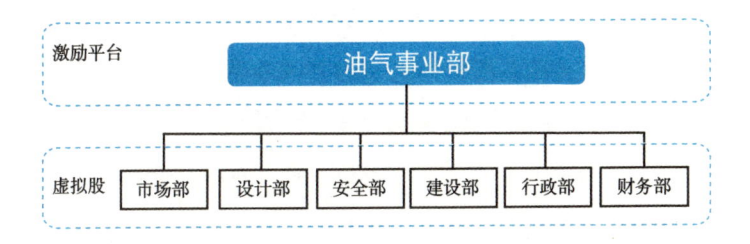

```
激励平台 ┌─────────────────────────────────────┐
         │         [油气事业部]                │
         │     ┌────┬────┬────┼────┬────┐    │
虚拟股   │  市场部 设计部 安全部 建设部 行政部 财务部 │
         └─────────────────────────────────────┘
```

图4-3　事业部股权激励平台——虚拟股

随后,对股权激励方案改革需要坚持的所谓五大原则,即定股、择人、设时、计价、配量,分别做出了明确的规划和设计。确保每一位股权合伙人的权益得到最充分的保障。其实,这五大原则主要解决的是股权的合理分配问题。只有股权分配合理,才能获得最佳效果。

经过充分讨论,在股权激励方式上,根据总公司和各个分公司的具体情况,分别选择了发展空间更大,进入退出机制更为灵活的期股和干股形式。

在激励对象方面,分两批进行激励,根据贡献大小和不可替代性,从总部的主要管理层逐渐向基层扩展。每批激励对象拟分两期授予期股。

在激励周期方面,规定:自授予激励股份之日的次日开始的连续72个月(2018~2023年)。窗口期:为公司公布当年度股价以及办理授予股份、分红、兑现期股等事项的时间段。转实股:锁定期满,且业务达成自动转持股平台实股,变更工商注册。

在公司股本规划方面,选择了内部净资产法(3~5倍),其优势是净资产较为稳定,简单直接,便于理解;适用于资产要素占主导作用的公司。在股权增机制一栏确定了股价增长机制,明确了当期股价和分红比例(70%~100%),并且明确该比例最终每年由公司董事会决定。

关于激励数量方面,制定了翔实的激励股个量分配方法。

1. 根据个人获授激励股数量的分配原则,将影响个人获授数量的各种因素归结为岗位系数和历史贡献系数两个量化指标。

2. 岗位系数旨在说明各岗位的相对重要性,其数值根据岗位等级和岗位重要性拟定。

3. 历史贡献系数旨在说明员工对公司的历史贡献大小,其数值根据个人的工作年限拟定(此系数为 $1+3\% \times N$,N 为司龄,即每工作满一年上浮 3%)。

4. 个人获授激励股数量=当期公司拟授予激励股总量 × 个人岗位系数 × 个人历史贡献系数 / ∑(个人岗位系数 × 个人历史贡献系数)。

在保障改革顺利落地的六大保障方面,本着先考核整体后考核个人的原则,先后明确了股权激励的绩效条件,确定了股权收益的分红、增值机制;确定了

第四章
股权合伙人以事业为本

期股激励职务变动的调整机制（升职、降职、调动），以及激励对象职务调整时的期股处理的详细办法；以及离职退出机制的确立；并最终明确了股权激励方案管理机构（如图 4-4 所示）。

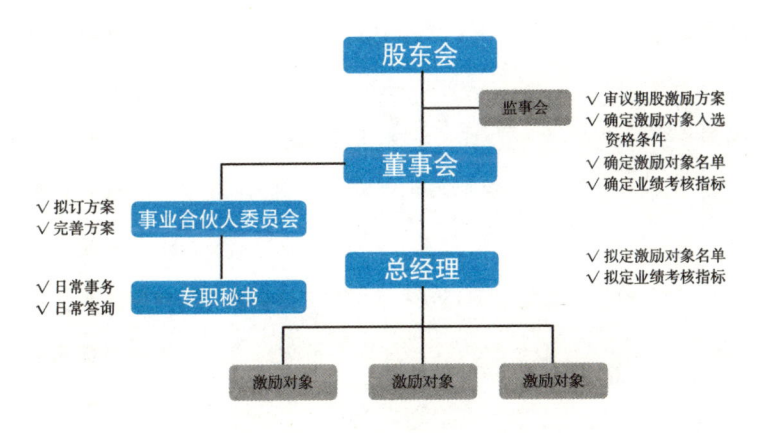

```
                          股东会
                            │
                            ├──────── 监事会       √审议期股激励方案
                            │                     √确定激励对象入选
                            │                      资格条件
                          董事会                   √确定激励对象名单
                            │                     √确定业绩考核指标
√拟订方案      事业合伙人委员会
√完善方案           │
                    │
                  总经理                           √拟定激励对象名单
√日常事务      专职秘书                           √拟定业绩考核指标
√日常咨询           │
                    │
         ┌──────────┼──────────┐
       激励对象   激励对象    激励对象
```

图 4-4　股权激励方案管理机构

在和一咨询公司的大力支持下，A 能源集团股份公司坚持顶层设计原则，本着造福社会、为客户提供优质服务的基本理念，以义聚，以利合，坚定不移地开始了股权机制改革，并最终取得了显著成效，公司业绩持续增长，赢得了业界的一致好评。

作为传统的能源型企业，A 能源集团股份公司敢为天下先，本着对客户、对股东负责的精神，顺应时代发展的趋势，勇敢

股权合伙人
Equity partner

地选择了事业合伙人模式。也正是在事业合伙人模式的助推下,公司全体员工同心同德,为了共同的事业而奋斗,为某天然气的再次腾飞插上了翅膀。A能源集团股份公司模式的成功实践也为事业合伙人模式再添经典案例,其经验值得我们进一步学习和借鉴。

第四章
股权合伙人以事业为本

以人为本，合作共赢
——B 公司合伙人模式浅析

随着社会经济的快速发展，人们对物质生活的要求不断提高。与此同时，对相关服务行业的要求也随之水涨船高，尤其是母婴服务市场竞争日益激烈。在这一片红海之中，某母婴健康产业有限公司迅速通过事业合伙人模式打开了新的市场，并牢牢地站稳了脚跟。

B 公司是某母婴健康产业有限公司旗下以产后恢复为主打业务的产后品牌，其品牌宗旨有效诠释了产后妈妈在产后第 31 天，来到该产后调理恢复中心，由专业的产后恢复导师给予合理有效的专业服务。

"亲情化服务，产妇级待遇"是 B 公司产后调理恢复中心的服务理念，秉承"健康一位妈妈，幸福两个家庭"的使命；坚持"以人为本，利他自立，合作共赢"的经营理念。在竞争激烈的产后服务行业，它们本着以诚为本，以客户需求为导向的信念，自 2013

年品牌创立伊始，在七年多的时间里，该团队已经发展成为产后专业服务领域的一颗明星，已开设25家直营连锁，全国合作门店达500多家，营销网络遍布全国各地。

2020年，B公司在和一咨询公司的大力支持下，开启了事业合伙人体系建设，并顺利召开了第一期股权授予大会，吹响了企业股权激励计划的号角。2020年6月2日和一咨询师团队正式进入企业公司总部，开始进行股权激励项目全员启动。

会后，为了更深入地掌握公司相关人员对股权激励计划的参与意愿及其相关意见，我们对数十位公司核心成员进行了为期两天的采访。通过两天的密集访谈，和一咨询团队收集了大量第一手资料，经过反复研究，最终形成了B公司股权激励初步方案，并向公司核心股东进行了汇报，在整合了相关建议之后，最终形成B公司股权激励方案。

依据和一咨询管理公司提供的B公司股权激励方案"四五六落地系统"，B公司将对利益来源、权利分配、持股平台、激励方式等多方面进行彻底改革，以配合股权激励方案顺利付诸实施。

明确了B公司股权激励方案的四大布局，并制定了详细的股权布局实施步骤（如图4-5所示）。

第四章
股权合伙人以事业为本

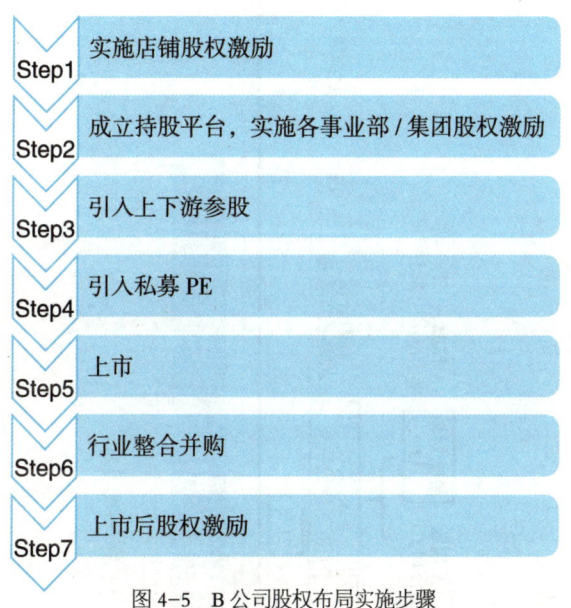

- Step1：实施店铺股权激励
- Step2：成立持股平台，实施各事业部/集团股权激励
- Step3：引入上下游参股
- Step4：引入私募 PE
- Step5：上市
- Step6：行业整合并购
- Step7：上市后股权激励

图 4-5　B 公司股权布局实施步骤

并针对公司股权结构布局进行了重新规划（如图 4-6 所示）。在持股平台的设计上也做出了重大调整（如图 4-7 所示）。

此外，该股权激励方案规定，公司员工持股合伙企业通过增资扩股形式持有 B 公司的股权。这一方面增加了企业的运营资金，同时无须缴纳股权转让所得税。缺点是增资程序较复杂，而且增资需要实收资本，不利于对激励对象折价，给股权合伙人带来了一定压力。

同时，关于激励平台的期股转实股问题，方案根据 B 公司特殊的经营模式进行了专门设计。

股权合伙人
Equity partner

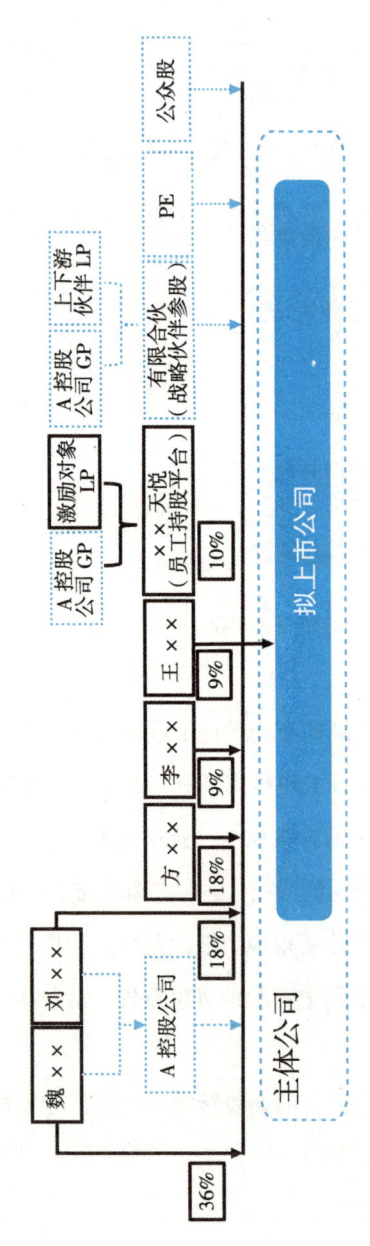

图4-6 B公司股权结构布局规划

第四章
股权合伙人以事业为本

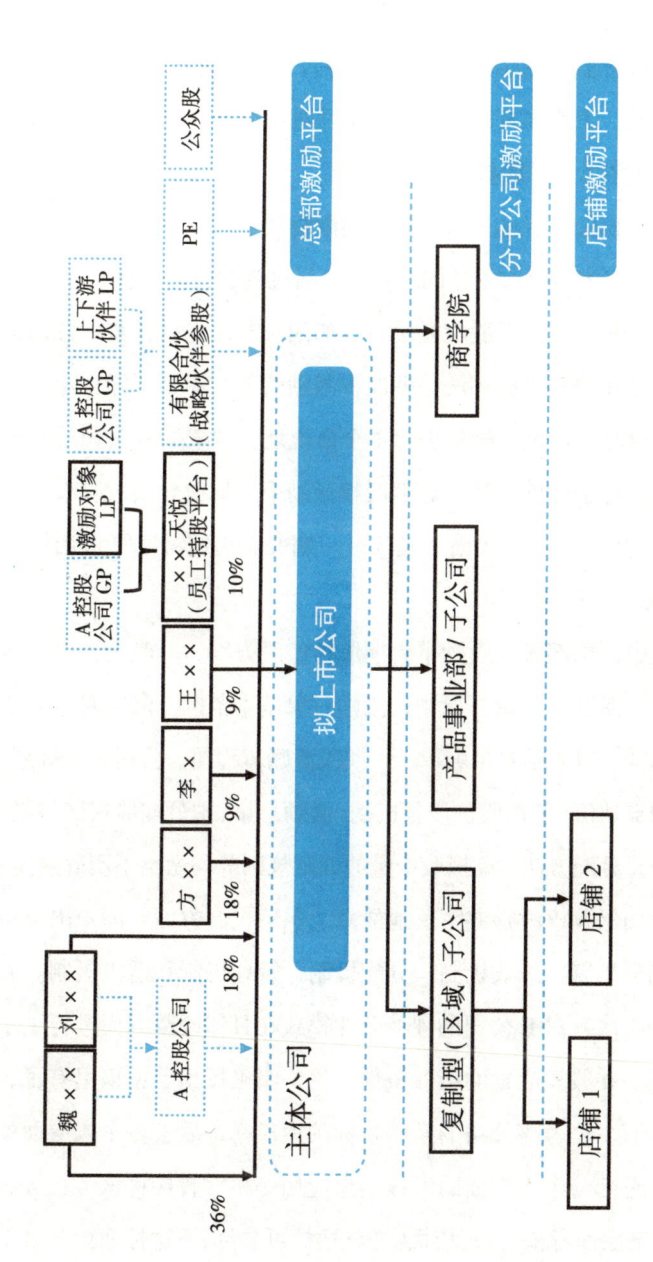

图 4-7　B 公司规划股权激励持股平台

股权合伙人
Equity partner

1.在快速扩张阶段,通过独立核算体系,建立总部、事业部、分子公司、店铺四级核算体系。激励对象根据其所负责的激励平台进行业绩考核、股权收益核算。

2.若B公司启动上市计划,则激励对象所持各层级激励平台股权转换成为拟上市主体的股权,并通过持股公司持有。

在明确了B公司股权激励方案的四大布局之后,和一咨询又对方案设计的五步循环法,即股权激励的五大原则,即:定股、择人、设时、计价、配量进行了全面规划,并依据B公司的营业模式对进行了区别设计:总部股权激励平台期股转实股、事业部/子公司激励平台合伙创业模式——期股、店铺激励平台店铺合伙人模式——期股。

其中,总部股权激励平台期股转实股方案,对激励方式、激励对象(激励对象选择原则、激励对象基本范围、激励对象入选基本标准、拟激励对象名单)、期股激励流程图、公司股本规划、公司内部估值、公司股价增长机制、激励总量、拟分配股权区间量、股权个量分配方法、虚拟股个量的确定规则等均做出了明确规定。

在确保股权激励方案落地的六大保障机制方面,即:出资机制、调整机制、绩效机制、分配机制、管理机制和退出机制。和一咨询再次针对B公司的独特营业模式在具体改革方面进行了量身定做。在股权激励的绩效条件一栏,明确提出了:锅里有了,碗里才有。先考核公司的整体目标的达成率,后考核个人层面的原则。总部与个人层面的考核结果应用一栏,直接将该考核分解为:总部层面考核、公司层面(考核达标可分红,不达标取消分红)、

第四章

股权合伙人以事业为本

个人层面考核（每个员工签订年度工作目标，考核达标可分红，根据分红期当年度个人绩效考核设置分红比例）。

在期股激励职务变动的调整机制一栏，对股权激励对象的升职、降职和调动分别做出了详细规定（如表4-1所示）。

表4-1　B公司激励对象职务调整时的期股处理办法

1. 升职
在激励期内，若激励对象职位升迁，在有预留期股的情况下，参照新岗位的激励标准增授所在公司的期股。调整规则如下： Q = Q0 + Q1 Q1等于不考虑历史贡献因素时升迁岗位应授期股数量与现岗位应授期股数量之差。 其中：Q0为调整前的期股数量；Q1增授期股数量；Q为调整后的期股数量
2. 降职
在激励期内，若激励对象被调任至较低岗位，则在窗口期内参照新岗位的激励标准进行激励，新岗位激励标准低于原岗位激励标准的期股数量由所服务公司回购，并纳入预留部分统一管理。调整规则如下： Q = Q0 - Q1 Q1等于不考虑历史贡献因素时现岗位应授期股数量与降职岗位应授期股数量之差。 其中：Q0为调整前的期股数量；Q1减少的期股数量；Q为调整后的期股数量。 若激励对象在锁定期内降职，公司回购期股时按期股对应的授予时期持股平台股价回购。 公司回购时给予激励对象兑现收益，兑现收益 = 兑现期股数量 × （兑现时持股平台股价 – 兑现期股对应的授予时持股平台股价）+ 兑现期股数量 × 兑现期股对应的授予时持股平台股价 × 出资比例
3. 调动
在激励期内，若激励对象被调任至其他公司，则在窗口期内由原所服务公司回购，同时根据新公司的激励制度对其进行激励。 公司回购时给予激励对象兑现收益，兑现收益 = 兑现期股数量 × （兑现时持股平台股价 – 兑现期股对应的授予时持股平台股价）+ 兑现期股数量 × 兑现期股对应的授予时持股平台股价 × 出资比例

股权合伙人
Equity partner

正是在和一咨询的全力支持下，B公司推行的股权激励方案才得以持续稳步推进，股权激励计划取得了骄人的成果。公司上下服务意识不断增强，赢得了客户口碑和企业的发展，公司各项事业均取得了长足进步，获得了社会各界的一致好评。

某母婴健康产业有限公司通过B公司品牌合伙人模式的顺利落地既为事业合伙人模式的进一步推广提供了又一鲜活的案例，同时也为我们展现了一幅创业者在一片红海中艰苦奋斗，进而成功开辟出一片新蓝海的传奇画卷。其成功经历值得我们不断深入思考和学习。

第四章
股权合伙人以事业为本

事业合伙人宣言

股权合伙是把双刃剑,舞得好,公司市值蒸蒸日上,舞不好,也会伤到公司创始人,所以,股权合伙的方法要配合柔绵的心法一起用,刚柔并济,既成就公司,也成就创始人和全体合伙人。我们所谓的心法,更多的是强调愿景、使命,强调企业文化和企业社会责任,呈现出来的就是诚真意切的事业合伙人宣言。

宣言是态度鲜明地公开主张,激励梦想。它既充满感色彩和号召力,同时也是周密的纲领宣示,因而能得到广泛的认同与支持。任何事业合伙人的组织形式,都是需要一份铿锵有力的宣言。比如——

> 人生为一件大事而来,
> 人生为一件有意义的事而来。
> 我热爱我选择的行业,
> 我热爱我选择的公司,
> 我热爱我选择的事业。
> 我是家人的依靠,
> 我是团队的寄托,

股权合伙人
Equity partner

我是公司的希望。
为不负家人,
为不负团队,
为不负自己。
从今天起,我立志成为一名事业合伙人。
不说消极话,
不做消极人,
永远正能量前行。
坚持用脚步丈量胜利,
坚持用成果谋得回报,
让自己有价值有尊严的傲立前方。
我生来为战场、我生来为胜利、我生来为荣耀。
没有人能阻止我成为事业合伙人的脚步,
就像没有人能阻止春天的脚步一样。
我相信人生没有等出来的美丽,
只有走出来的辉煌。
在未来的日子里,
我会以奋斗者身份全力以赴,
配合公司打造事业合伙人组织,
培养事业合伙人,
用行动及价值捍卫属于我的一切。
心在远方,路在脚下,唯有行动,不负年华。
让我们行动起来,行动行动,立即行动!

附录一

股权合伙人激励模板

相信广大读者在阅读本书之后，以《股权合伙人》主要理论为指导，辅以大量经典案例和相关模板为重要参考，结合企业自身发展现状，一定能够帮助企业实现顺利落地，事半功倍。

附表1　持股平台管理表

层面	持股平台名称	
层面三		
层面二		
层面一	设立业绩条件	持股平台名称

股权合伙人
Equity partner

附表2 总部持股平台发展规划管理表

行业规模:						
行业地位:						
	去年	今年	第二年	第三年	第四年	第五年
总收入						
收入增长率						
净利						
净利率						
净利增长率						
净资产						

附表3 各持股平台采用的股权形式管理表

持股平台名称	激励方式

附表4 各持股平台拟激励对象入选条件、入选范围、激励批次管理表

指标（任选）	第一层面	第二层面	第三层面
劳动关系			
工作时间			
品德			
意愿			
保密意识			

附录一
股权合伙人激励模板

续表

指标（任选）	第一层面	第二层面	第三层面
业绩			
专注条件			
激励批次			

附表5 拟激励对象名单表

持股平台	激励方式	姓名	岗位名称	激励批次	年收入	入职时间

附表6 持股平台价值与股本管理表

持股平台	估值方式	公司价值	公司股本

附表7　总部持股平台股价增长机制管理表

	去年	今年	第二年	第三年	第四年	第五年
指标1：						
权重1：___%						
指标2：						
权重2：___%						
股价	1元/股					

附表8　总部持股平台激励总量管理表

激励总量=_____+_____

	今年	第二年	第三年	第四年	第五年	合计
薪酬总额						
激励股数						
每股分红						
分红总额						
分红占年薪比						
股价						
增值总额						
分红+增值总额						
(分红+增值总额)占5年年薪和比						

附表9　锁定期与解锁套现时间表

事项	参考时间	设计时间
锁定期时间	24个月	
分几期解锁套现	分3期，第一期20%、第二期30%、第三期50%	
方案实施时间	4~6年	
窗口期	每年2月（可增加年中7月）	

附录一
股权合伙人激励模板

续表

事项	参考时间	设计时间
每个人的股权分几次授予	多次，每年分配	
分红时间	窗口期，一年或半年一次	

附表10 总部持股平台个量分配表

人员	岗位层级系数	司龄系数	岗位类型系数	分配系数	股权分配数量

附表11 总部持股平台出资表

姓名	股数	股权价值（应出资额）	优惠出资比例	实际出资额	出资额占年薪比

股权合伙人
Equity partner

附表 12　总部持股平台层面指标管理表

	今年	第二年	第三年	第四年	第五年
指标 1					
权重 1					
指标 2					
权重 2					
指标 3					
权重 3					

附表 13　总部持股平台考核结果应用管理表

持股平台考核成绩	考核分数＜＿＿分	考核分数≥＿＿分	
个人层面考核成绩	考核分数为任何值	考核分数＜＿＿分	考核分数≥＿＿分
分红	不参与分红，对应红利分至＿＿＿	个人不分红，对应红利分至＿＿＿	——
出售套现	＿＿＿		＿＿＿
下一年认购	＿＿＿		＿＿＿

附录一
股权合伙人激励模板

附表 14　在职退出管理表

锁定期	本金	已发放分红	增值
锁定期后第一年			
锁定期后第二年			
锁定期后第三年			

附表 15　违纪退出管理表

特殊情况	股份处理	本金	已发放分红	增值
1. 徇私舞弊				
2. 玩忽职守				
3. 泄露机密				
4. 恶意诽谤				
5. 盗窃损毁				
6. 违法犯罪				
7. 威胁要挟				

股权合伙人
Equity partner

附表 16 离职退出管理表

特殊情况	股份处理	本金	已发放分红	增值
1. 锁定期内因自身原因与公司提前解除劳动合同而离职				
2. 锁定期后因自身原因与公司提前解除劳动合同而离职				
3. 激励对象因公司人员调整而被辞退				
4. 激励对象因退休而离职				
5. 激励对象丧失劳动能力、残障或死亡				
6. 因其他原因离职				

附录二

股权合伙人相关实用法律法规

市场经济是法治经济，依法合规是企业健康发展最重要的基石。推动股权激励机制顺利落地更是要求广大的企业经营管理者要懂法、守法，唯有如此，才能使企业基业长青，才能使企业在日趋激烈的市场竞争中走向更加美好的明天。

1. 绝对控制权——67%

《中华人民共和国公司法》

第四十三条第二款　股东会会议作出修改公司章程、增加或者减少注册资本的决议，以及公司合并、分立、解散或者变更公司形式的决议，必须经代表三分之二以上表决权的股东通过。

第一百零三条第二款　股东大会作出修改公司章程、增加或者减少注册资本的决议，以及公司合并、分立、解散或者变更公司形式的决议，必须经出席会议的股东所持表决权的三分之二以上通过。

第一百二十一条　上市公司在一年内购买、出售重大资产或

股权合伙人
Equity partner

者担保金额超过公司资产总额百分之三十的，应当由股东大会作出决议，并经出席会议的股东所持表决权的三分之二以上通过。

《中华人民共和国民法典》

第三百零一条　（共有物的处分、重大修缮和性质、用途变更）处分共有的不动产或者动产以及对共有的不动产或者动产作重大修缮、变更性质或者用途的，应当经占份额三分之二以上的按份共有人或者全体共同共有人同意，但是共有人之间另有约定的除外。

2. 相对控制权——51%

《中华人民共和国公司法》

第二百一十六条　本法下列用语的含义：

（二）控股股东，是指其出资额占有限责任公司资本总额百分之五十以上或者其持有的股份占股份有限公司股本总额百分之五十以上的股东；出资额或者持有股份的比例虽然不足百分之五十，但依其出资额或者持有的股份所享有的表决权已足以对股东会、股东大会的决议产生重大影响的股东。

3. 安全控制权——34%

《中华人民共和国公司法》

第四十三条第二款　股东会会议作出修改公司章程、增加或者减少注册资本的决议，以及公司合并、分立、解散或者变更公司形式的决议，必须经代表三分之二以上表决权的股东通过。

4. 上市公司要约收购线——30%

《中华人民共和国证券法》

第六十五条第一款 通过证券交易所的证券交易，投资者持有或者通过协议、其他安排与他人共同持有一个上市公司已发行的有表决权股份达到百分之三十时，继续进行收购的，应当依法向该上市公司所有股东发出收购上市公司全部或者部分股份的要约。

5. 临时会议权——10%

《中华人民共和国公司法》

第三十九条第二款 定期会议应当依照公司章程的规定按时召开。代表十分之一以上表决权的股东，三分之一以上的董事，监事会或者不设监事会的公司的监事提议召开临时会议的，应当召开临时会议。

第四十条第三款 董事会或者执行董事不能履行或者不履行召集股东会会议职责的，由监事会或者不设监事会的公司的监事召集和主持；监事会或者监事不召集和主持的，代表十分之一以上表决权的股东可以自行召集和主持。

第一百一十条第二款 代表十分之一以上表决权的股东、三分之一以上董事或者监事会，可以提议召开董事会临时会议。董事长应当自接到提议后十日内，召集和主持董事会会议。

第一百八十二条 公司经营管理发生严重困难，继续存续会使股东利益受到重大损失，通过其他途径不能解决的，持有公司全部股东表决权百分之十以上的股东,可以请求人民法院解散公司。

6. 重大股权变动警示线——5%

《中华人民共和国证券法》

第三十六条 依法发行的证券,《中华人民共和国公司法》和其他法律对其转让期限有限制性规定的,在限定的期限内不得转让。

上市公司持有百分之五以上股份的股东、实际控制人、董事、监事、高级管理人员,以及其他持有发行人首次公开发行前发行的股份或者上市公司向特定对象发行的股份的股东,转让其持有的本公司股份的,不得违反法律、行政法规和国务院证券监督管理机构关于持有期限、卖出时间、卖出数量、卖出方式、信息披露等规定,并应当遵守证券交易所的业务规则。

第五十一条 证券交易内幕信息的知情人包括:(二)持有公司百分之五以上股份的股东及其董事、监事、高级管理人员,公司的实际控制人及其董事、监事、高级管理人员。

第八十条 发生可能对上市公司、股票在国务院批准的其他全国性证券交易场所交易的公司的股票交易价格产生较大影响的重大事件,投资者尚未得知时,公司应当立即将有关该重大事件的情况向国务院证券监督管理机构和证券交易场所报送临时报告,并予公告,说明事件的起因、目前的状态和可能产生的法律后果。

附录二
股权合伙人相关实用法律法规

（八）持有公司百分之五以上股份的股东或者实际控制人持有股份或者控制公司的情况发生较大变化，公司的实际控制人及其控制的其他企业从事与公司相同或者相似业务的情况发生较大变化。

第一百八十九条　上市公司、股票在国务院批准的其他全国性证券交易场所交易的公司的董事、监事、高级管理人员、持有该公司百分之五以上股份的股东，违反本法第四十四条的规定，买卖该公司股票或者其他具有股权性质的证券的，给予警告，并处以十万元以上一百万元以下的罚款。

7. 临时提案权——3%

《中华人民共和国公司法》

第一百零二条第二款　单独或者合计持有公司百分之三以上股份的股东，可以在股东大会召开十日前提出临时提案并书面提交董事会；董事会应当在收到提案后二日内通知其他股东，并将该临时提案提交股东大会审议。临时提案的内容应当属于股东大会职权范围，并有明确议题和具体决议事项。

8. 代为诉讼权——1%

《中华人民共和国公司法》

第一百五十一条　董事、高级管理人员有本法第一百四十九条规定的情形的，有限责任公司的股东、股份有限公司连续一百八十日以上单独或者合计持有公司百分之一以上股份的股东,可以书面请求监事会或者不设监事会的有限责任公司的监事向人民法院提起诉讼;监事有本法第一百四十九条规定的情形的,前述股东可以书面请求董事会或者不设董事会的有限责任公司的执行董事向人民法院提起诉讼。

监事会、不设监事会的有限责任公司的监事,或者董事会、执行董事收到前款规定的股东书面请求后拒绝提起诉讼,或者自收到请求之日起三十日内未提起诉讼,或者情况紧急、不立即提起诉讼将会使公司利益受到难以弥补的损害的,前款规定的股东有权为了公司的利益以自己的名义直接向人民法院提起诉讼。

他人侵犯公司合法权益,给公司造成损失的,本条第一款规定的股东可以依照前两款的规定向人民法院提起诉讼。

9. 夫妻婚内财产约定

《中华人民共和国民法典》

第一千零六十五条 (夫妻约定财产制)男女双方可以约定婚姻关系存续期间所得的财产以及婚前财产归各自所有、共同所有或者部分各自所有、部分共同所有。约定应当采用书面形式。没有约定或者约定不明确的,适用本法第一千零六十二条、第一千零六十三条的规定。

夫妻对婚姻关系存续期间所得的财产以及婚前财产的约定,对双方具有法律约束力。

夫妻对婚姻关系存续期间所得的财产约定归各自所有,夫或者妻一方对外所负的债务,相对人知道该约定的,以夫或者妻一方的个人财产清偿。

10. 离婚后夫妻财产分割

《中华人民共和国民法典》

第一千零八十七条　离婚时，夫妻的共同财产由双方协议处理；协议不成的，由人民法院根据财产的具体情况，按照照顾子女、女方和无过错方权益的原则判决。

对夫或者妻在家庭土地承包经营中享有的权益等，应当依法予以保护。

第一千零九十二条　夫妻一方隐藏、转移、变卖、毁损、挥霍夫妻共同财产，或者伪造夫妻共同债务企图侵占另一方财产的，在离婚分割夫妻共同财产时，对该方可以少分或者不分。离婚后，另一方发现有上述行为的，可以向人民法院提起诉讼，请求再次分割夫妻共同财产。

11. 股权激励

《中华人民共和国证券法》

第四十条　证券交易场所、证券公司和证券登记结算机构的从业人员，证券监督管理机构的工作人员以及法律、行政法规规定禁止参与股票交易的其他人员，在任期或者法定限期内，不得直接或者以化名、借他人名义持有、买卖股票或者其他具有股权性质的证券，也不得收受他人赠送的股票或者其他具有股权性质的证券。

任何人在成为前款所列人员时，其原已持有的股票或者其他具有股权性质的证券，必须依法转让。

实施股权激励计划或者员工持股计划的证券公司的从业人员，可以按照国务院证券监督管理机构的规定持有、卖出本公司股票或者其他具有股权性质的证券。

《中华人民共和国公司法》

第一百四十二条　公司不得收购本公司股份。但是，有下列情形之一的除外：

（一）减少公司注册资本；

（二）与持有本公司股份的其他公司合并；

（三）将股份用于员工持股计划或者股权激励。

13. 合伙合同

《中华人民共和国民法典》

第九百六十七条　合伙合同是两个以上合伙人为了共同的事业目的，订立的共享利益、共担风险的协议。

第九百六十八条　合伙人应当按照约定的出资方式、数额和缴付期限，履行出资义务。

第九百六十九条　合伙人的出资、因合伙事务依法取得的收益和其他财产，属于合伙财产。

合伙合同终止前，合伙人不得请求分割合伙财产。

第九百七十条　合伙人就合伙事务作出决定的，除合伙合同另有约定外，应当经全体合伙人一致同意。

附录二
股权合伙人相关实用法律法规

合伙事务由全体合伙人共同执行。按照合伙合同的约定或者全体合伙人的决定，可以委托一个或者数个合伙人执行合伙事务；其他合伙人不再执行合伙事务，但是有权监督执行情况。

合伙人分别执行合伙事务的，执行事务合伙人可以对其他合伙人执行的事务提出异议；提出异议后，其他合伙人应当暂停该项事务的执行。

第九百七十一条　合伙人不得因执行合伙事务而请求支付报酬，但是合伙合同另有约定的除外。

第九百七十二条　合伙的利润分配和亏损分担，按照合伙合同的约定办理；合伙合同没有约定或者约定不明确的，由合伙人协商决定；协商不成的，由合伙人按照实缴出资比例分配、分担；无法确定出资比例的，由合伙人平均分配、分担。

第九百七十三条　合伙人对合伙债务承担连带责任。清偿合伙债务超过自己应当承担份额的合伙人，有权向其他合伙人追偿。

第九百七十四条　除合伙合同另有约定外，合伙人向合伙人以外的人转让其全部或者部分财产份额的，须经其他合伙人一致同意。

第九百七十五条　合伙人的债权人不得代位行使合伙人依照本章规定和合伙合同享有的权利，但是合伙人享有的利益分配请求权除外。

第九百七十六条　合伙人对合伙期限没有约定或者约定不明确，依据本法第五百一十条的规定仍不能确定的，视为不定期合伙。

合伙期限届满，合伙人继续执行合伙事务，其他合伙人没有提出异议的，原合伙合同继续有效，但是合伙期限为不定期。

合伙人可以随时解除不定期合伙合同，但是应当在合理期限之前通知其他合伙人。

第九百七十七条　合伙人死亡、丧失民事行为能力或者终止的，合伙合同终止；但是，合伙合同另有约定或者根据合伙事务的性质不宜终止的除外。

第九百七十八条　合伙合同终止后，合伙财产在支付因终止而产生的费用以及清偿合伙债务后有剩余的，依据本法第九百七十二条的规定进行分配。

14. 内幕交易及知情人

《中华人民共和国证券法》

第五十一条　证券交易内幕信息的知情人包括：

（一）发行人及其董事、监事、高级管理人员；

（二）持有公司百分之五以上股份的股东及其董事、监事、高级管理人员，公司的实际控制人及其董事、监事、高级管理人员；

（三）发行人控股或者实际控制的公司及其董事、监事、高级管理人员；

（四）由于所任公司职务或者因与公司业务往来可以获取公司有关内幕信息的人员；

（五）上市公司收购人或者重大资产交易方及其控股股东、实际控制人、董事、监事和高级管理人员；

附录二
股权合伙人相关实用法律法规

（六）因职务、工作可以获取内幕信息的证券交易场所、证券公司、证券登记结算机构、证券服务机构的有关人员；

（七）因职责、工作可以获取内幕信息的证券监督管理机构工作人员；

（八）因法定职责对证券的发行、交易或者对上市公司及其收购、重大资产交易进行管理可以获取内幕信息的有关主管部门、监管机构的工作人员；

（九）国务院证券监督管理机构规定的可以获取内幕信息的其他人员。

第五十二条　证券交易活动中，涉及发行人的经营、财务或者对该发行人证券的市场价格有重大影响的尚未公开的信息，为内幕信息。

本法第八十条第二款、第八十一条第二款所列重大事件属于内幕信息。

第五十三条　证券交易内幕信息的知情人和非法获取内幕信息的人，在内幕信息公开前，不得买卖该公司的证券，或者泄露该信息，或者建议他人买卖该证券。

持有或者通过协议、其他安排与他人共同持有公司百分之五以上股份的自然人、法人、非法人组织收购上市公司的股份，本法另有规定的，适用其规定。

内幕交易行为给投资者造成损失的，应当依法承担赔偿责任。

15. 有限责任公司的股权转让

《中华人民共和国公司法》

第七十一条　有限责任公司的股东之间可以相互转让其全部或者部分股权。

股东向股东以外的人转让股权，应当经其他股东过半数同意。股东应就其股权转让事项书面通知其他股东征求同意，其他股东自接到书面通知之日起满三十日未答复的，视为同意转让。其他股东半数以上不同意转让的，不同意的股东应当购买该转让的股权；不购买的，视为同意转让。

经股东同意转让的股权，在同等条件下，其他股东有优先购买权。两个以上股东主张行使优先购买权的，协商确定各自的购买比例；协商不成的，按照转让时各自的出资比例行使优先购买权。

公司章程对股权转让另有规定的，从其规定。

第七十二条　人民法院依照法律规定的强制执行程序转让股东的股权时，应当通知公司及全体股东，其他股东在同等条件下有优先购买权。其他股东自人民法院通知之日起满二十日不行使优先购买权的，视为放弃优先购买权。

第七十三条　依照本法第七十一条、第七十二条转让股权后，公司应当注销原股东的出资证明书，向新股东签发出资证明书，并相应修改公司章程和股东名册中有关股东及其出资额的记载。对公司章程的该项修改不需再由股东会表决。

第七十四条　有下列情形之一的，对股东会该项决议投反对

附录二
股权合伙人相关实用法律法规

票的股东可以请求公司按照合理的价格收购其股权：

（一）公司连续五年不向股东分配利润，而公司该五年连续盈利，并且符合本法规定的分配利润条件的；

（二）公司合并、分立、转让主要财产的；

（三）公司章程规定的营业期限届满或者章程规定的其他解散事由出现，股东会会议通过决议修改章程使公司存续的。

自股东会会议决议通过之日起六十日内，股东与公司不能达成股权收购协议的，股东可以自股东会会议决议通过之日起九十日内向人民法院提起诉讼。

第七十五条　自然人股东死亡后，其合法继承人可以继承股东资格；但是，公司章程另有规定的除外。

温馨提示：以上法律法规仅供参考，实际应用以国家公布的最新法律法规为准。

—— 好书是俊杰之士的心血，智读汇为您精选上品好书 ——

课程是企业传承经验的一种重要载体，本书以案例、工具指导企业如何萃取内部经验，形成独特的有价值的好课，以助力企业人才发展。

狮虎搏斗，揭示领导力与引导技术之间鲜为人知的秘密。9个关键时刻及大量热门引导工具，助你打造高效团队以达成共同目标。

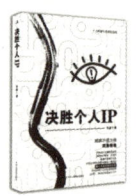

这本书系统地教会你如何打造个人IP，其实更是一本自我成长修炼的方法论。

"游戏化"新型管理模式，激活作为互联网"原住民"的95后职场人。本书是带新生代团队的制胜法则和指南。

本书作者洞察了销售力的7个方面，详实阐述了各种销售力要素，告诉你如何有效提升销售能力，并实现销售价值。

这是普通销售员向优秀销售员蜕变的法宝。书中解密了销售布局，包括销售逻辑、销售规律和销售目标。

企业经营的根本目的是健康可持续的盈利，本书从设计盈利目标等角度探讨利润管理的核心，帮助企业建立系统的利润管理框架体系。

目标引擎，是指制定目标后，由目标本身而引发的驱动力，包括制定目标背后的思考、目标落地与执行追踪。

本书分力量篇、实战篇、系统篇三部分。以4N绩效多年入企辅导案例为基础而成，对绩效增长具有极高的实战指导意义。

更多好书 >>

智读汇淘宝店　　智读汇微店

让我们一起读书吧，智读汇邀您呈现精彩好笔记

—智读汇一起读书俱乐部读书笔记征稿启事—

亲爱的书友：

感谢您对智读汇及智读汇·名师书苑签约作者的支持和鼓励，很高兴与您在书海中相遇。我们倡导学以致用、知行合一，特别打造一起读书，推出互联网时代学习与成长群。通过从读书到微课分享到线下课程与入企辅导等全方位、立体化的尊贵服务，助您突破阅读、卓越成长！

书 好书是俊杰之士的心血，智读汇为您精选上品好书。

课 首创图书售后服务，关注公众号、加入读者社群即可收听/收看作者精彩微课还有线上读书活动，聆听作者与书友互动分享。

社群 圣贤曰："物以类聚，人以群分。"这是购买、阅读好书的书友专享社群，以书会友，无限可能。

在此，我们诚挚地向您发出邀请：请您将本书的读书笔记发给我们。

同时，如果您还有珍藏的好书，并为之记录读书心得与感悟；如果你在阅读的旅程中也有一份感动与收获；如果你也和我们一样，与书为友、与书为伴……欢迎您和我们一起，为更多书友呈现精彩的读书笔记。

笔记要求：经管、社科或人文类图书原创读书笔记，字数2000字以上。

一起读书进社群、读书笔记投稿微信：15921181308

读书笔记被"智读汇"公众号选用即回馈精美图书1本（包邮）。

智读汇系列精品图书诚征优质书稿

智读汇云学习生态出版中心是以"内容+"为核心理念的教育图书出版和传播平台，与出版社及社会各界强强联手，整合一流的内容资源，多年来在业内享有良好的信誉和口碑。本出版中心是《培训》杂志理事单位，及众多培训机构、讲师平台、商会和行业协会图书出版支持单位。

向致力于为中国企业发展奉献智慧，提供培训与咨询的**培训师、咨询师**，**优秀的创业型企业、企业家和社会各界名流**诚征优质书稿和全媒体出版计划，同时承接讲师课程价值塑造及企业品牌形象的**视频微课、音像光盘、微电影、电视讲座、创业史纪录片、动画宣传**等。

出版咨询：13816981508、15921181308（兼微信）

— 智读汇书苑107 —
关注回复107 试读本 抢先看

● 更多精彩好课内容请登录 智读汇网 www.zduhui.com